原味禪
生活禪
華嚴禪

養禪三昧

釋心道

釋心道

心道法師序

從無死的空性中找到安身立命之所，
從智慧通達無礙的道路上學習般若，
從人、事、法之中學習慈悲，
這就是法、報、化三身的修持。

法身不動　原味禪

人生如夢如幻、如水中影，如鏡中像、如空山響，有的時候我們坐在這裡，突然之間會不曉得自己身在何方？但是不管我們在任何地方，都會感覺到生命是短暫無常的，所以我們必須找尋真理，找尋永恆的歸宿處。

什麼是永恆的歸宿處呢？就是我們的覺性、空性，覺性空性不隨心識的生滅而生滅，不隨因緣的變化而變化，不隨現象的起伏而起伏，所以說是不來不去、不垢不淨、不生不滅的。當今天大家執著這個肉體，於是就有生死；執著這個想法，於是就有知見；執著一切存在，於是輪迴無盡。

學禪，就是要讓心安靜下來，覺知心性的清明，讓因緣自然地變化，而我們的心卻不會被因緣變化牽絆著，當我們透過坐禪或種種工夫，習慣了讓心保持在覺明的狀態，就不會因為業力或因緣變化，失去心性的永恆光明。讓持明的工夫恆常維持，達到萬年一念、一念萬年，脫離輪迴之苦。

修行從心開始，亦即證悟本心，心即法界、即眾生、即生命、即解脫。本心亦名為佛，然而我們如何讓本心真正成佛？答案是要有覺悟，覺悟需仰賴正法，修法要靠清淨；如能以清淨相應正法，則能由正法透視一切虛妄，從透視一切虛妄而證悟心的本來面目。

報身智明　華嚴禪

佛法就是「緣起性空、性空緣起」，法界的實相就是如此。緣起性空，是我們自利的心法，透過「一切緣起，其性本空」的修心法要，能夠使我們的心歸零，由此安住於涅槃。性空緣起，就是利他的心法，就是為了利益一切有情，使一切有情都能成佛，也就是用周遍的慈悲心，以無量無盡的生命，來圓滿眾生成佛的種子。性空緣起又稱為「華嚴之行」，「華嚴之行」就是用無盡的生命，種下無盡的成佛種子，透過廣大的願力以及無盡的生命，來成就華嚴世界。「緣起成佛」，就是從當下開始行利他事業，「悲心周遍」則是要讓愛心遍滿我們的生活圈、遍滿我們的空間。一旦能夠悲心周遍，每一個人當下就是成佛的種子。

華嚴世界不是指特定哪一個地方，而是一個無量廣大的智慧網路，是由每一個靈性眾生的生命所組成的。在這個智慧網路之中，只要開機，隨處都可以上網，每一個眾生都具有能夠登入宇宙網路的生命電腦。

當我們以「緣起成佛，悲心周遍」的心願登入了華嚴世界的智慧網路，我們的生命就已經與法界智慧網相連，就已經具足整體法界的緣。一切華嚴法要的根本，就在於「心」，「心就是華嚴、華嚴就是心」，從心開始緣起成佛，從心開始大悲周遍，佛事業就是從心開始的。

化身識　生活禪

人生總是在得失之間度過，不要執著或追求太高的物質享受，只要日子過得去就行了。人只要懂得生活、懂得面對就是一種享受。

不要讓自己太忙碌，空出時間靜下來學習禪修，靜靜地與自己相處、找回自己，享受存在的感覺，把心安住在當下，不要執著於許多無謂的願望與想法，不懊惱過去、不恐懼未來，這才是人生。

人世間有許多糾纏——感情糾纏、財務糾纏、名利糾纏，使得人們覺得生命醜陋，以至於忽視了「人身難得」，無法察覺擁有人身來到世間學習，是多麼美好的一件事。擁有人身，使我們得以見到世間一切事物的呈現、品嚐一切世間味，並在其中學習、成長，使生命更為充實。

心道

098 第二味 原味禪

178

第三味　華嚴禪

第一味

生活禪

不論從事何種職業，
只要能夠學會「調心」，
生活再苦，
也能有好心情。

慈悲喜捨，眾生均霑

發願學習觀世音菩薩慈悲喜捨的精神，去除慳貪、增長福報；
學習佛的無上智慧，遠離輪迴，尋找到不死的生命源頭；
學習無礙的智慧，讓煩惱業障盡皆消除。

人生總是有缺陷的，但是有許多人看不到自己的苦（編按：譬如，有許多富有的人不以慳吝為苦，亦不知其為苦），這是因為不夠覺醒。身在苦中不知苦，久而久之便習慣了，以為人生就應該如此。佛陀宣說佛法，告訴人們如何才是快樂與解脫的人生，如何才是善緣具足、沒有憂悲苦惱的人生。如果人人具有佛的智慧，就不會生來受苦了。

學佛就是為了學習佛的智慧，凡事通達、煩惱消融、福氣增長。至於福氣是怎麼來的？福氣不是自己來的，是「做」來的。要增加福報，首先必須對眾生生起悲憫之心，悲即是拔苦，當看到他人有困難時，設法為對方解決困難，使對方離苦，此外，還要喜捨，願意奉獻。慈悲與喜捨必須兼具，否則，光有慈悲，沒有拔苦的實際行動，也是枉然。當然，有很多人做公益之事並不是出於慈悲之心，而是為了其他的理由，雖然做了很多公益，卻不帶有真正的悲憫，那也是不夠的。因此，慈悲與喜捨必須兼具，才會圓滿。

眾生不僅限於人，舉凡昆蟲、水族、飛禽、走獸、微生物……等，只要有生命的都是眾生。對於一切眾生，我們都要懷著悲憫之心，能夠如此，便與菩薩無異了。現代人較為物化，也較缺乏悲憫心，人與人之間愈來愈疏離、缺乏關懷，有些人的關懷甚至是刻意營造出來的，然而，我們必須要以實實在在的愛心與慈悲來對待眾生，才具有真正感動人的力量。

存放慈悲的記憶

我們生生世世的生命歷程都會如實地紀錄在八識田裡，作為下一世輪迴的依據。人有八識，前五識分別是眼、耳、鼻、舌、身；第六識為意識；第七識為末那識；第八識則是阿賴耶識。前五識主要在做觀察，並不具有取捨或分別；第六識的功能為針對五識分別善惡美醜；第七識是我執的根本，與我癡、我慢、我見、五愛等煩惱相應，一旦執迷則會造作惡業，反之則能夠斷滅煩惱惡業；第八識則是宇宙萬有之根本，記憶生命中所經歷過的一切，所以又稱為藏識。

八識的作用在於記憶所有的資訊，以備來生之用，而我們與他人的相處互動，就是靠八識田的記憶提供訊息。譬如，當我們在與一位素未謀面的人聯絡時所講出的話、見面之後彼此之間所發生的事情，都是過去生的記憶體的作用，而夫妻、子女、親人、朋友，無一不是應記憶而投生的。學佛的人也要學會管理這個記憶體，若光在裡頭存放一些不好的意象，生命自然起起落落、浮動不已。而慈悲是一種好的記憶，我們要多多存放慈悲的記憶，作為現世或來生的資糧。

佛法中強調「廣結善緣」，講的是人與人之間的良性互動，這自然也是一種創造良好記憶的方式。生命是可以創造的，我們必須學習如何創造自己的生命。阿彌陀佛發下四十八願，成就了「極樂世界」；藥師佛所發的十二大願，創造了「東方淨琉璃世界」；觀世音菩薩所發的十二大願則創造了「觀世音淨土」。凡人如果連自己的命運都無法創造，遑論去創造一個佛國世界呢？

以願力轉換業力

只要人們存著好心，整個世界的大環境就會跟著變好；如果人們心存惡念，環境就會隨之變壞，所以，如果希望生活得更有福報，人人都要往慈悲喜捨的方向走去，整個大環境才會改變。

在全球化的今日，我們的社會愈來愈西化，文化受到很大的衝擊，整個家庭、社會的道德倫理都與過去不同，社會便失去了秩序。養兒不一定能防老，子女也不一定會反哺親恩，人心變得冷漠而寂寞，因此，我們要找回自己文化的根，重新尋回舊社會的人情味與溫暖，唯有如此，家庭與社會才能夠安定。

每個人來到這個世界，都負有社會責任，而整個社會的安定，也要靠大家的維繫，因此，我們需要佛法來安定我們的心，也需要豐富的文化來使生活更有趣味，更要發願來轉換我們的業力。業力是生命的能量，有好有壞，也有許多的無明煩惱與衝突，而業力是未可知的，我們永遠無法得知什麼時候、什麼樣的業果將會成熟。業力就像地雷，必須靠願力來「除雷」，我們可以發願創造一個讓六道眾生、累劫以來的父母、兄弟姐妹、一切有緣眾生都能離苦得樂的世界。

我們可以發願學習觀世音菩薩慈悲喜捨的精神，去除慳貪、增長福報；學習佛的無上智慧，遠離輪迴，尋找到不死的生命源頭；學習無礙的智慧，讓煩惱業障盡皆消除。

我們應該去尋找生命的三個寄託——無量的壽命、無量的智慧、無量的慈悲；初學佛時，我們不可能立即獲得無量壽與無量智，但至少要學習無量的慈悲，只要能夠如實的去學習，就可以證得法、報、化三身的圓滿。

心如水，動而濁，靜而澈

混亂的心就像不斷搖晃著、混濁的水，
而禪修可以淨化人心，
經過禪修之後的心不再混亂，
就像水不再搖晃並逐漸清澈。

每個人都希望擁有無量的智慧，得以消化煩惱、負面思維及負能量並進而轉變成為正能量，而學佛正好可以增長智慧與慈悲、消融煩惱。

儒、釋、道是我們既有的傳統文化，舊社會的價值觀與家庭結構便建基於這些思想之上，譬如儒家思想中的五倫，是指君臣、父子、兄弟、夫婦、朋友等五種人際關係；而五常則是指父義、母慈、兄友、弟恭、子孝，在這樣的基礎之下，社會鞏固、家庭安定。至於道教在修行上講究道法自然、與大自然萬物間的平衡及天人合一；在生活上則十分重視養生。佛教追求智慧與慈悲，鼓勵修行者追求智慧的增長、悲心周遍，進而能夠不執著於煩惱、對眾生能夠慈悲喜捨，也就是我一再提到的——生命服務生命，生命奉獻生命的道理。

就因為這些傳統，我們的社會得以維持長年的安定，但如今，這些傳統受到外來文化的影響，幾乎不再保有原來的面貌，更因為價值觀的失落，使得社會、家庭、人心都顯得浮動不安，因而我們要回到佛法上來，因為佛法教導我們如何安住在當下的本心中。

生生死死畢竟只是幻有

眾生最恐懼的是死亡，而佛法告訴我們，靈性是永恆的，人人都具足永恆不死的靈性，現下的人身就如同四季所長出的不同瓜果或花朵，今年瓜熟蒂落，明年會再長出來，生命就是如此死而復生，生而復死地循環不止。但生生死死畢竟只是幻有，是不真實的，唯有靈性是真實的。

我從二十七歲開始在墳場、靈骨塔、空曠無人之處或山洞中禪坐，目的並不是為了追求神通，而是為了深入了解並體驗佛法。而要了解佛法的細膩思想與層次，則必須透過禪修。混亂的心就像不斷搖晃著、混濁的水，而禪修可以淨化人心，經過禪修之後的心不再混亂，就像水不再搖晃並逐漸清澈，清澈的心看待任何事物都十分明亮、明瞭，漸漸便可以斷除惑業，便能不再隨境轉動。

學習佛法，要了解生命的無常。所有的現象都是無常的，譬如想法，就像泡沫一般，瞬間即來，剎時即去，是不永久的，這就是無常，而靈性是不屬於現象的，因此靈性是永久的。學佛的人必須深入了解並契入靈性，必須專一的去做觀照的工夫，觀照種種不真實的幻覺與幻境，去除它，靈性與法身便會呈現。

一般人的人生常常迷失於睡夢，也就是貪、瞋、癡、慢、疑當中，總是在追求名利財權或感情，身心被綑綁，因而忘失了清明的自性。自性本來清明，是超越種種物質之上的，因此，我們應該自世間種種虛幻不實中醒來、解脫內心的束縛，唯有如此，才能重新回到自在自由的生命當中。

覺，而能夠契入法身

人活著，經常被老、死、感情……等現象所控制，而佛法可以使我們「覺」，不受這些現象控制，為生命尋找到出路。學佛不是一般民間信仰的祭拜儀式、不是迷信，是為了覺我們平常所不覺。佛法提供我們解脫煩惱、障礙、去除迷惑的方法，佛說法四十九年間，說了三藏十二部經，宣說了覺悟的方法、宇宙生命的現象、了生脫死的方法及如何趨入不生不滅的生命實相……等，都是為了協助眾生去迷解惑，契入本覺，因此，大家要多多親近佛法，解決生命中的困惑。

佛因為覺悟而充滿了慈悲的能量，佛說人人皆具有佛性，每個人都具足這種能量，然而，在未學佛之前，人們不一定能接觸到這種核心能量——宇宙的能量。而學佛能讓人們觸及這種能量，進一步能夠離苦得樂。

人人都不喜歡惡緣，惡緣即是對立，而要成就一個和諧社會，就必須人人皆以愛心彼此關心與互動，社會即會充滿光明與仁慈，唯其如此，整個人間也可以是天堂、淨土或極樂世界。這一切，都要靠智慧，而學佛可以使我們智慧增長，減少對立與衝突。戰爭或衝突具有極高的破壞力，要創造和平，必須每個人從自己內心做起，進而促成人與人之間的和平、社會國家的和平與世界和平。

禪坐及誦讀佛經，可使人們智慧增長，我們要多讀佛所說的經典，也就是經、律、論等三藏十二部，然而，佛雖然宣說了這些經典，卻又說自己無所說（編按：佛於《楞伽阿跋多羅寶經》卷第三，〈一切佛語心品〉之三說：「我某夜成道　至某夜涅槃　於此二中間　我都無所說　緣自

得法住　故我作是說　彼佛及與我　悉無有差別」），為什麼呢？因為佛經是啟發大眾的智慧、使大眾獲得自在之用的，但有些人死讀經，反而為經所障（編按：指法執或所知障）、為經所縛，因此，我們不只要讀經，而是要信——信仰、相信、願——發願、解——理解或開悟、行——實踐，重要的是，我們要去實踐它，使靈性獲得開展。

每個人雖然出生在不同的家庭，長相也不同，但都緣自於法身（編按：即一切萬有）。就好比在大地種下各種不同的種子，長出不同的植物，但這些植物都來自於大地。每個人應累劫以來的記憶而生，長出不同的樣子，生在不同的地方，具有不同的想法，而我們全都是來自同一個本源啊！因此人們應該互相關懷，因為你就是我，我就是你。

好比一個家庭生養了十個孩子，這些孩子遇到問題會彼此互助，因為他們都來自於相同的父母。我們必須將地球上所有的生命視為兄弟姊妹，或者說，所有的那些生命都是「我」，都一視同仁、心懷慈悲的對待與關心，這就是所謂的「同體大悲」！

以戒爲體，以法爲用

我們活著的現在，只不過是生命長河中的一個小點，
所以要努力累積福報、資糧與善緣，
才能豐富生命之河，使來生得以豐收。

所謂生命教育，就是認識生命、珍惜生命，進而為他人的生命奉獻服務。生命教育必須從孩子小時候開始做起，在孩子幼小的時候，我們就要教導他們生命的正確觀念，不破壞、傷害自己或他人的生命。如果孩子從小就不知道如何珍惜生命，長大後就可能會傷害自己或他人的生命。

生命是一個奇蹟，我們來到人世本來是為了學習並享受

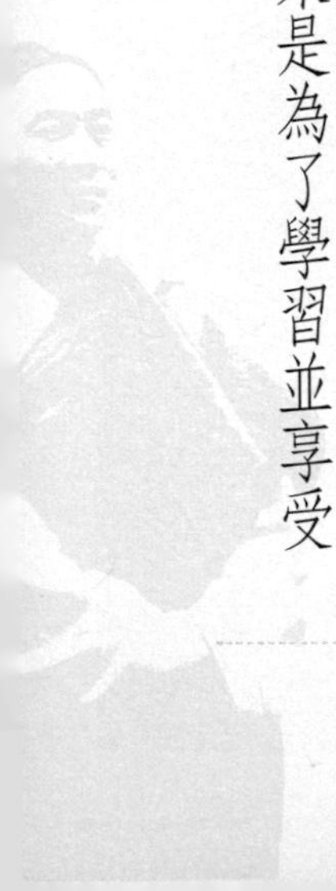

生命的存在，但是，多數人在生活中只是為了吃、穿……而存在，以至於製造了無以計量的煩惱，不僅無法享受存在的喜悅，反而過得痛不欲生。要能真正享受生命，就必須學習認識靈性、認識佛、法、僧。佛、法、僧並不是偶像，「佛」指的是覺醒，「法」是洗滌、轉換身心靈的方法，「僧」是協助我們達到清淨、安定、和諧、慈悲的善知識們。

要尊重生命，守戒是非常重要的。譬如：比丘要守二百五十條戒律，比丘尼要守三百四十八戒，至於在家眾則要守五戒。所謂的五戒是指不殺生、不偷盜、不邪淫、不妄語、不飲酒，一般人如果能守好五戒，就可以成為無瑕之人，若再加上行十善（編按：十善分別為「身三」——即不殺生、不偷盜、不邪淫；「口四」——不妄語、不兩舌、不綺語、不惡口；「意三」——不貪、不瞋、不癡），不僅能夠自利，還能夠利他。

譬如夫妻，在夫妻關係之外不要任意發展其他的情愛關係；講話也必須具有誠信，不要以騙人為樂；生活中不要失去理性，不飲酒、不使用麻醉藥品，以免因心智昏茫而做錯事情或傷害他人。

戒，是一道防火牆，保護我們不生惡念、不行壞事，並令生活安定。如果人們不守五戒，則容易觸犯五毒煩惱。表面上看來，守戒似乎是不自由的，事實上，守戒可以使人們獲得更多的自由，這是因為守戒使得人們腦筋清楚、生活簡單，既可以防止煩惱生起，也不主動製造煩惱，一個不生煩惱的心當然就是自由的。

心量大了，執著便少了

人世間有許多糾纏——感情糾纏、財務糾纏、名利糾纏，使得人們覺得生命醜陋，以至於忽視了「人身難得」，無法察覺擁有人身的可貴，以及來到世間學習是多麼美好的一件事。擁有人身，使我們得以見到世間一切事物的呈現、品嚐一切世間味，並在其中學習、成長，使生命更為充實。

我們要善用人身，學習佛法，只要心清淨，所做所為便會清淨，反之，則會不斷招惹煩惱。譬如：夫妻之間若不能互信，只為了一點點小問題便不斷猜忌懷疑，使得原本幸福的家庭陷入混亂，而這些猜疑都是自心所生起的煩惱；疑心是破壞善緣的五毒之一，因此，我們要學習如何在起心動念間，念念清淨。而學佛可以讓人們保持樂觀、積極、正面的生活態度。

心既是製造煩惱、傷害、惡業的種子，也是製造善業的種子。我們在心田裡種下什麼種子，便會收穫什麼果實，自己種、自己嚐。

佛法教導眾生要無私的奉獻與布施，這是因為無私使人們沒有心理負擔，不會一心算計著自己給人多少，應該要回收多少，一心掛念算計著，心便不會清淨，心不清淨，自然不會快樂。

人心中的貪念經常製造彼此間的恩恩怨怨；瞋恨心製造對立的生命；癡心讓人們經常迷惑。我們要知道，喜捨心不打結、慈悲心不對立、智慧心不迷惑，因此，應該常常誦讀經書，擴大思維空間與心量。不要總是將思考重心放在家庭或囿限於某個範圍內，而應該去思考世界、宇宙的大道理，須知你的心放在何種主題上，便會收成何種生命型態。

學佛可以讓冤債解除、執著放下，心量大了，便會柔軟，得以包容許許多多的事物。如果放不下執著，不斷儲存不好的記憶，使得心變得很擁擠，遇到事情便容易產生情緒、發脾氣。現代人普遍缺乏耐心，容易動怒，就是因為吸收了太多資訊，而這些未經消化的資訊阻塞在心中，使得心量狹小，輕易便被別人的三兩句話給激怒。佛法可以幫助人們放下執著，只要能夠放空，便是智慧。

如何放空？我們應該將腦中所儲存的那些無常的思維、影像放下，須知這些無常的思維與影像都是幻覺，一旦我們能夠放下、不執著，心便會空出來，否則就會常起貪、瞋、癡等念頭，並且不斷與人結怨。

生命無常、短暫，經常只在剎那或呼吸之間，尤其在老去之後，身體又痠又痛，走路遲緩，彷彿身體是個累贅，人在年紀愈大之後愈會感覺身體其實是個負擔；此外，連思想都顯得落伍、跟不上時代，明明年輕時也曾叱吒風雲，怎麼瞬間就老去了？這種種感受即證明了生命的無常。也就因為生命無常而短暫，因此，我們應該珍惜每一個當下，尋找到生命最有意義的著力點。

生命既有今生就會有來生，靈性就如同水的流動，死即是生，生即是死。我們活著的現在，只不過是生命長河中的一個小點，所以要努力累積福報、資糧與善緣，才能豐富生命之河，使來生得以豐收。期望人們珍惜生命與時間，善用此生這具短暫的身軀，累積未來的資糧。

去除「我想」，讓心暢流

修行即是生活，
在生活中最重要的是必須時時觀察、了解自己的心，
時時警覺心中所生起的貪、瞋、癡。

不論從事何種職業，只要能夠學會「調心」，生活再苦也能有好心情，如果不懂得調心，縱使擁有再多財富也不一定能過得舒服，就算家庭一切平順也不一定能有好心情。生活就像兩面刃，往往有好的一面就會有壞的一面，不可能萬般皆好，一旦面對生活或心情的瓶頸時，如果懂得調心，就能夠無憂無惱。

所謂的無憂無惱，可以分別以消極面和積極面來思考：消極面指的是至少讓自己的心維持在無憂無惱的狀態；至於積極面則是去思考自己在從事某件事時是否付出得不夠、努力得不夠，因此才會遇上瓶頸；再更積極些，則是反思自己有無做一些利他的事情。

自利一般指的是專注於個人的修行與調心，主要在將自己的心管理好；利他當然也需要調心，但是，不僅是要管理好自己的心，還要擴大心量去容納百川。修行能夠讓我們的心在煩惱處學會放鬆，也就是「止」與「歇」，換言之，放鬆即是一種修行。譬如：當在生活中產生某種執著時，貪、瞋、癡的心念便隨之而起，當貪、瞋、癡念一起，就必須學著放鬆，因此，放鬆也是一種「離相」。放鬆可以使心不自設立場、畫地自限。

心「緊」的時候要使它放鬆，當心太鬆的時候就要把心拉緊。所謂的緊，指的是積極、精進。積極、精進的意思是要使自己的心往般若、禪定、布施、持戒的方向努力，往戒定慧、慈悲喜捨、六住（編按：《佛說菩薩十住經》：「六住何等為阿者三般菩薩法住者。佛言。有十法深哀慈心。一者有人說佛善惡。心無有異。二者說法善惡。心無有異。三者說菩薩善惡。心無有異。四者求菩薩道人共相導善惡。心無有異。五者有人言。十方人有多少。心無有異。六者睹十方人。展轉相導善惡。心無有異。七者中有人說言。十方人易脫難脫。心無有異。八者若有人說法多少。心無有異。九者有人說法壞不壞。心無有異。十者有法處無法處。心無有異。是為阿耆三般菩薩教法、戒定慧、慈悲喜捨。」）的方向精進。

人們的心常常會自設立場，並因此而產生各種煩惱，修行及念佛即是要將這些立場加以轉換，將煩惱轉成菩提，使心更清楚，更能行止得宜。

心無受無想，事便能無影無蹤

大家可以念誦法華經，一品一品慢慢念，念完之後再念誦華嚴經，能深入經藏便可以智慧如海。只要存有利他的心，心量便會廣大，包容心及接納度也會更強，能夠如此，福報便會廣大。

佛法教導人們如何讓心量、思想更寬廣，乃至於證悟空性，空性中有無限的圓滿。至於未能證悟空性的人遇事時便只能「強忍」、鑽牛角尖，到最後便自我設限、走不出來。這是因為一旦執著於有形，便會受到時空的限制；反之，則能夠毫不受限。學佛的人要把心的空間打開，讓心無受無想，讓事沒有窒礙。

修行即是生活，在生活中最重要的是必須時時觀察、了解自己的心，時時警覺心中所生起的貪、瞋、癡或迷惑、矛盾等念頭，當心固著在一件事情上無法罷休時就是癡，當心愚昧時也是癡。人們在生活上經常固執在「我想」當中，於是便形成——我在想我自己所想，我在受我自己所想，我在苦我自己所想，我也在樂我自己所想。因為心經常生起這種種念頭，於是便不能暢流。

要使心暢流，就不要讓心停留在任何「事相」之上，所謂事相就是凡是有實事的，或是有形相可以看得到的，都叫做事相。我們的心一旦在某處停留，就會在該處產生執著，當下便不自在了。人們常常為身體或想法所苦，也為了聽到不如意的聲音而苦，內心生起了反抗的念頭，隨即起了無明煩惱。

要知道如何「過日子」，就是要能「過」，只要「過」就能過日子，「不過」就不好過日子！修行就是要使一切都能順暢無阻的「過」！

禪心是暢流無阻的，若希望生活能夠安心，就是不要去「安心」——不要為了安心而去尋找安心。譬如：人們以為錢可以安心、愛情可以安心、買房子能夠安心，便不斷去追求這一切以獲得安心，這其實就是不安心。凡是不刻意去尋找安心的，就是真安心，就不會為了安心而受到外在物質的束縛。

勇渡洪流，直達彼岸

學佛就是學習如何讓自己身清淨、語清淨、意清淨，
那是一種極樂學習，使我們得以在現世過著極樂世界的生活。

人生的來去非常快速，猶如自山中奔流而出的洪水，而人們每一世的生命只不過是其中的一滴水，生而復死，死而復生，輪迴不息。要讓洪水停止流動是不可能的，這就是生命的道理——總是流動不居。在這樣的流動中，人們往往是毫無自主性的，只能任由洪水奔流，並在其中相互撞擊、拉扯、翻滾。

假使人們在生命的洪流中錯失了與佛法相遇的機緣，便

無法掌握生命流向，不知最終將歸向何方，並深陷於生死輪迴的洪流深淵中，無有止期。有一則「盲龜浮木喻」的佛教故事告訴我們，人身難得，就如同大海中的盲龜遇到一塊中間破了一個洞的浮木，當牠將頭伸出水面時，正好鑽進那個洞中一般難得巧合。至於在難得的人身當中要值遇佛法，則是難得中的難得，因此，當有機會學佛的時候，千萬別錯失了這個機緣，要珍惜所有時間探討生命的實相及宇宙人生的道理。

學佛是為了離苦得樂，自生命的業流中超拔而出，而學佛首先要皈依三寶——佛、法、僧。皈依佛即是皈依覺悟的本性，了知世間一切皆為幻有，不再迷惑於幻有世界的一切生滅變化；皈依法即是皈依能幫助我們去除生命中的迷惑障礙，讓生命自由自在，讓心靈毫無罣礙的方法；皈依僧則是皈依佛法的傳承。

眾生在業流中載浮載沉，如果能夠生生世世依止佛、法、僧，就能夠超脫業力浮沉變化的深淵及痛苦。佛法可以幫助人們去除內心的障礙、了悟宇宙生命的究竟永恆、開啟無量的智慧。僧寶傳承了佛的法要，使眾生都有機會學習佛法，協助所有生命尋找到一個「可以休息的彼岸」，僧眾肩負著佛法傳承的使命，因此，僧眾就是眾生的「善知識」。

曾有人問我：「在家眾不能成佛嗎？」在家眾當然可以

成佛。既然如此，那為什麼要出家？出家是為了發願維繫佛法的傳承，讓輪迴中的一切眾生有機會接觸佛法。如果沒有這些傳承者，佛法便無法傳續，眾生便無法聽聞甚深佛法，離苦得樂。這就是我們之所以要護持三寶的理由。

念念清淨，當下即淨土

學佛除了要皈依三寶、護持三寶，還要禪修、念佛。禪修可以使腦中的思維變細、淨化，經過一段時間之後，思維會變得更為敏銳，更能察覺貪、瞋、癡等雜念，並進一步觀察到更細微的念頭。禪修使思維變細，念佛使心變柔軟，持咒則使心保持清明——這一切都是學佛必要的過程。

當我們讓心慢慢沉澱下來學習佛法的真理，便可以漸漸脫離煩惱，解脫生死的困惑，不受輪迴之苦，進而創造他人的福祉，使得人與人之間能夠彼此服務、互相分享。

佛法是點點滴滴的學習，透過僧眾所傳述的佛法、善業、善語，清淨身、口、意業，再加上身體力行的實踐，效法佛的一言一行，口說善法，意念中想著布施、服務、奉獻、慈悲，內心便會漸趨光明，智慧便能開啟，思想沒有障礙與窒塞，生命便能不迷惑。只要人人都能如此，我們所賴以生存的世界也能成為淨土。反之，如果身體行殺盜邪淫之罪；口說挑撥離間之語、綺語、妄語；心中所想的都是貪、瞋、癡等不清淨的思想，所有這些惡業集結起來就會成為一片煩惱之海，任由生命在浪中滾動，世界如何能美好？

學佛就是學習如何讓自己身清淨、語清淨、意清淨，那是一種極樂學習，使我們得以在現世過著極樂世界的生活。學佛必須從自己開始改變起，不要茫茫渺渺的過一日算一日，否則，就算極樂世界就在眼前，仍然過得糊裡糊塗，一點用處也沒有。只要能從身、口、意開始改變自己的生活，心自然而然便能到達極樂，心靈即是淨土！

成爲「無我之我」而非「大我之我」

人生總是在得失之間度過，
無須執著或追求太高的物質享受，只要日子過得去就行了。
人只要懂得生活、懂得面對就是一種享受。

緣，就像種植稻穀，每種下一顆種子，收成的是累累的稻米，也就是說惡因會衍生惡緣，好因會衍生好緣，因此，我們必須做好此生的品管改良——改良我們的記憶與緣分，未來才能收穫美好的人生。

環境影響思考，思考製造記憶，為了創造未來靈性的道路，必得「諸惡莫作，眾善奉行」。靈性既無形象也無手腳，但生命中所結的緣卻是靈性的手腳與形象，我們透過手腳去接觸其他的緣（編按：心道師父經常強調，人乃是應因緣而生，倘若不是因為這些因緣，我們將無法遇見此生所有的人、事、物，因此，緣就如同靈性的手腳與形象，讓我們接觸其他的人，並再度結下各種緣分），於是便造成了許多好好壞壞的記憶，這些記憶於是再度成為緣。因此，我們必須做好記憶的品管，時時淨化自己的心念。

如果人們時時刻刻都在創造不好的記憶——傷害、破壞、打擊或仇恨，而未來的命運即是這些記憶的回饋與反射，因此，若能常懷慈善、愛心、關懷與服務之心，未來就能有好的回饋。

了解因果，破除迷惑

佛法讓我們知道因果的道理，事出必有因，而人們常常在無明的狀態之下造了許多業，待業果成熟時再後悔已經來不及了，因此，我們必須學習佛法的智慧，破除內心的矛盾、衝突、罣礙與迷惑，便能少造惡業，使生命獲得良性的循環。

在未學習佛法之前，人們經常任由心情起起落落，時好時壞，當心情好時可以把事情做得很好，一旦心情惡劣時就什麼事都做不好，就像小孩子一般。由於孩子並沒有能力深思熟慮，無法顧慮到前因後果，因此，當他們感到無聊時，便會去做一些令大人覺得很奇怪的事情。人心之所以會有許多迷惑或錯覺，也是源自於內在過去的記憶，如果能夠發心學佛、生起堅定的信仰，了解因果循環的道理，便會了解業力的驚人力量。如果仍舊執迷不悟，不斷地在生活中製造破壞、傷害與恩怨，便會不斷在生活中碰到各種各樣的問題。

我們應該從孩子小時候就幫助他們建立起「因果循環」的觀念，使他們的世界提升到愛的層次。好的循環要去建立，壞的循環要去消除。就好比我們總是以破壞、需索無度的方式對待這個地球，地球便會反撲而傷害我們——譬如氣候丕變、風災、水災、土石流不斷，就是因為人類破壞了地球的生態環境。人的內在環境也是如此，如果你經常破壞四週的環境（編按：指的是生活周遭的人、事、物，即是惡緣），環境便會反過來傷害你。

物質生滅，精神永恆

人們常常提到精神世界與物質世界，理想中的精神世界是一個離苦的歸宿，然而精神世界卻也會幻現成物質世界的種種現象。心所生起的種種想法，會導致物質世界的變化，而整個物質世界即是由芸芸眾生的心念所形成的。由於人們的「精神」不斷在追求物質，甚至往物質中去尋找精神世界，因此無法真正尋找到精神世界的所在，自然就不斷生活在得、失與好、壞的二元對立當中。

所謂的物質世界，就是時間，因為凡是與時間有關的事物，必定會隨著時間而生滅或變化，是由不得人所掌控的。人們無法掌控生死、貧富、愛情，這是因為物質世界建基於時間之上，總是變化無常。唯有精神世界是不變的，我們之所以要學佛與追求真理，即在於追求精神世界的永恆。

我們必須先了解何謂物質世界與精神世界之後，精神與物質才可以融合，如果一個人在並不了解物質與精神的不同時就妄求二者的融合，必然會混淆，弄不清楚何謂靈性，何謂物質。學佛之後，我們先將精神自物質世界中抽離，看清楚精神世界的特質與超然、超越，再回到物質世界中來，便會了解二者「相因相成」的道理。一旦能了因解果的道理，自然就了解如何創造物質世界，便會尋找到生命的目標。

佛法告訴我們精神世界的特質及物質世界之所以形成的原因，我們所要做的是如何使二者合一，使我們得以在物質世界生活得自在。這就又回到了生命教育的主題上了，信仰是為了協助我們認識生命，進而創造生命。一個人光憑此生的好運，卻不知創造好緣，來生就不一定再能有這樣的好運了，因此，我們要努力創造一種精神性的、永恆的記憶。

謙卑即能「無我」

學習各種宗教的精神，是智慧的選擇，使我們的生命更光輝，進而將其他的生命也帶往更明亮之處。每一個人都有保護自我的本能，但當我們過度保護自我的時候，就會阻礙學習、無法謙卑，因此，我們要以謙卑的心來學習才能真正有收穫，否則，當你心懷貢高我慢，拒絕接觸與學習時，縱使有修行深厚的上師就在眼前，也是枉然。愈謙虛，越具有學習的能量，也可以避免自己樹立起一個封閉的自我。

佛教中的禮拜，拜的是什麼？其實，五體投地的禮拜是要人們學習謙卑，唯有謙卑，人們才會放下「我」。佛教說

「無我」，就是連「我」都要布施、奉獻出去。人們必得先看清楚「我」到底是什麼，當明瞭了「我」是什麼之後，才能把「我」放下，才能真正體會「無我」的快樂。因此，佛法中所講的「我」，是「無我之我」而不是「大我之我」，人不應該累積「很大的我」，而是去發現「很大的無我」。

人生總是在得失之間度過，無須執著或追求太高的物質享受，只要日子過得去就行了。人只要懂得生活、懂得面對就是一種享受。

學佛猶如行船，水動，船不動

世間是苦空無常、生住異滅、生老病死、成住壞空的，只要能夠了解這一切種種都是世間的幻相，心中的永恆就是覺悟，就能夠感到平安。

佛教談因果，因從何處來？「因」肇始於心的活動，「果」則是我們的生活環境及周遭所看、所聽、所受的種種，換言之，就是「唯心是因，唯識是果」。一切唯心所造、唯識所顯，無處不是果，心也無時無刻不在造因，而善惡、好壞就好比是曲線的波動，在生活中不斷的高低起伏，而學佛即是為了造正念的因。

就像船行水上，船內裝著生活中種種的瑣碎意念——錢財、事業、名利、家庭、孩子……等，正念如同航行在水上的船，雖然浪在湧動著，但船是不動的，它超越了浪的起伏；如果我們是湧動的浪，隨時在波動，則毫無正念可言。人們好比是船上的舵手，要將船開往成佛的彼岸，而正念則是行船的動能，因此，學佛的人首先要發菩提心、誓願成佛，才能具足到達彼岸的燃料。浪隨時隨刻都在波動著，如果我們無法超越浪的高低起伏，就會日日生活在煩惱當中。

此外，學佛的人更要用平等心去看待起伏不定的浪，不要心隨境轉，當好的事情發生時，總是快樂得不得了，反之，則痛苦不堪。我們應該要知道，好的果來自於好的因；惡的果來自於惡的因，因此，當好事來臨時，應該惕厲自己繼續努力做好每件事；當不好的事發生時，則去檢視自己的念頭，以善念加以導正。學佛的人乘著般若船，穩穩掌握著船上的舵，不要隨著生活中的高低起伏而痛苦，讓一切好好壞壞自來自去。

學佛是醫治幻覺的良藥

我們要生生世世依止三寶，將三寶視為生命的方向盤或指南針，走向福德、善法、智慧、走向開悟。大家有幸學習佛法，皈依佛、法、僧，這即是人生中最珍貴的寶物，

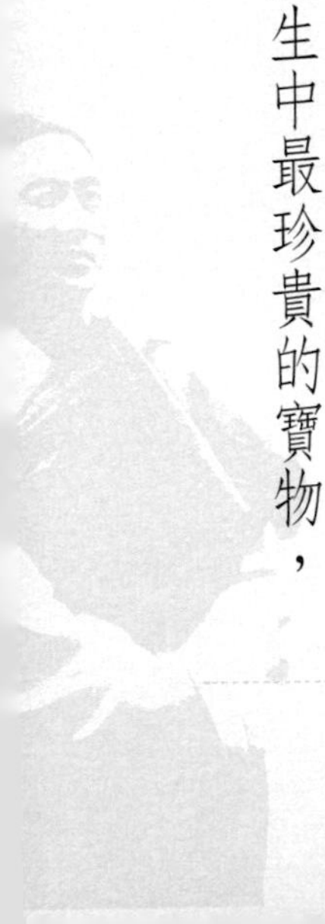

讓我們得以理解生命真理，使我們解脫煩惱、障礙，產生福氣與快樂。僧寶猶如燈塔，點燃了正覺的明燈，指引著佛弟子走向光明，因此，我們要護持三寶。

我們要清楚來到人間的使命與目的，不要迷迷糊糊的來，迷迷糊糊的去。我們是為了嫁、娶或生子、傳宗接代而來到人間嗎？或者是無奈的來到人世、無奈的面對人生？當人們擁有了家庭的溫暖，就會怕失去家庭的溫暖；擁有愛情就怕失去愛情；擁有金錢也怕失去金錢，人們無所不怕，擁有愈多，反而怕得愈多。生命的安全感究竟在哪裡呢？我們需要一個永恆的生命價值，而學佛就是為自己找尋一條安穩的生命道路。

當肉體死亡之後，果真一切都不復存在嗎？我們不妨想想自己是如何走過了人生的各個階段。首先，當我們初初降臨人世，第一次接觸到光並睜開眼睛時，所看到的是父母或家人，接下來則是當時的環境，但當我們現在回頭去看當時的自己，過去的自己是什麼時候、如何消失的？而我們又是如何來到「現在」？其實，我們從來不曾擁有現在，過去也從來不曾消失，生命就是如此。

學佛可以幫助我們探討生命的真相，進而理解生命的價值與意義。學佛甚至於不只是一種信仰，而是一種存在，等著我們去發現。科學及宗教都在探討靈魂，有朝一日，如果能夠證明靈魂不死，那人們還需要懼怕死亡嗎？在佛教的觀點中，生命是永恆存在的，因此，我們不必懼怕死亡，肉體的死亡及消失只是一種錯覺及幻覺，而學佛主要就在醫治這種錯覺或幻覺。

生命從未死亡，只是此起彼落

身為一個以弘揚佛法為己志的出家人，我們並不偉大，也並不是在做什麼偉大的事情，只是把學佛的快樂分享出去，邀請大家與我們共同分享學佛的快樂與解脫，尋找到生命的光輝。我們以「生命服務生命、生命奉獻生命」作為弘揚佛法的新觀念，希望整個世界能夠成為一個服務系統，而人們在做任何事時都能以服務為念，甚至以服務為信仰，就能夠建立一種喜捨的精神，心靈便會很快樂。一旦失去服務精神，人們就會有得失心、好與壞的分別心，做起事來容易有壓力或壓迫的感覺，生活就不會快樂。

在學佛的路上，希望大家都能成為水上的船，而不是波動不止的水。佛法使我們站在水面上，超越了水的波動。世間是苦空無常、生住異滅、生老病死、成住壞空的，只要能夠了解這一切種種都是世間的幻相，心中的永恆就是覺悟，就能夠感到平安。

世人總是煩惱於生、老、病、死，即使有人能夠永遠保有青春，到最後也不見得能夠體會青春之美；而當一個人不老不死時，生命便無法重生。死亡就像是清理完此生的債務，而重生則讓生命再度延續，生命就是如此循環不息，不曾滅亡；生命不斷在演化中，不曾止息。生命從未死亡，只是此起彼落，如果死亡只是一個過場的橋段，為什麼還要去害怕它呢？

生命教育——心靈的啟發與感動

當人們在面對工作、人、事、物時，
如果總是以樂觀、積極、正面的態度面對，
生活中的問題便會少很多。

傳統上，佛教團體中的僧眾主要都在廟裡修行、誦經、灑掃、耕種或為往生者做法事……等，然而在資訊時代，因為民智大開、社會開放進步，佛教團體也走入世間從事社會奉獻與服務。之所以如此，主要是因為目前的佛教團體與社會的互動增加，修行不離生活，佛教團體便自然而然走進人間，走進社會。

過去，人們普遍認為出家是一種遁世生活，出家者可能是因為生活貧困、遭遇挫折或感情創傷而出家；現在則不然，有許多出家眾都是高級知識分子，他們通常是在對佛教或出家生活有充分了解之下而出家，修行是他們所選擇的生活方式。有些人或許會認為丟下父母、家人與世俗的責任而出家是一件無情的事，然而，正是因為俗世生活太牽腸掛肚，充滿了五毒，所以才要自其中出離，將生命奉獻給教育、真理。

身為佛教修行者，所擔當的角色是推動「生命教育」，從事心靈的啟發與感動等教育，使大眾認識生命及其價值、了解生命的意義並作出奉獻。唯有從不同的角度去看待生命，而後才能了解生命、珍惜生命，進而從事更多的服務與奉獻。

每一個宗教做的都是生命教育的工作，教育人們了解生命之間的關係與互動，教育人們相信真理。生活難免遭遇失敗與挫折，必須依靠真理所產生的信心加以克服，使得人們突破困境，繼續在生命的道途上奮鬥、努力與學習。

之所以要做生命教育，就是要告訴眾人以樂觀、積極、正面的態度面對生活，生命才會是健康的。譬如：當人們在面對工作、人、事、物時，如果總是以樂觀、積極、正面的態度面對，生活中的問題便會少很多；反之，凡事都往壞的方面去想，就算好事也會變成壞事，生活又怎會過得好？良好的生命教育使人們擁有良好的生命能量，尋找到一條活得更好的康莊大道。最重要的是，知道了一切道理之後還是得自己去實踐，就譬如吃飯一樣，當我們肚子餓的時候，必須自己進食才能填飽肚子，由別人幫我們吃，自己的肚子還是空空的。

心病要靠心藥來醫，而心藥即是心靈的安慰。面對許多生活在痛苦與挫折中的人，我們不見得能夠為他們解決現實的問題，但可以協助他們解決心靈的問題，他們需要的往往是傾聽與安慰，而解決大眾心靈的問題也是一種生命教育。

如同我一再重複強調的，生命是一個記憶，並且會不斷的複製，如果我們此生沒有建立正念，那麼未來所複製出來的仍然是有問題的生命。因此要善用此生，解決問題、建立正念、創造更好的生命。

我們為什麼要為他人的生命奉獻，為什麼不讓別人來為我們服務就好？因為，當我們服務他人的時候就是在服務自己；而一個行惡之人就是以惡事服務自己。以更直接的方式來說，奉獻或服務就彷彿是一個福報的戶頭，你在其中儲存了愈多，就擁有愈多、愈富足。

宗教之愛——人類的母親

真理在哪裡？真理其實是無所不在的。當我們發現真理之後，心中有了真理，於是能夠感受到心靈的安定、自在、無憂與快樂，此後，真正的奉獻與服務胸懷便真正出現了。

在如此混亂的社會情況下，我們如何能夠維持心的安定？就是要靠宗教的引導。宗教是社會安定的力量，為人們創造心靈的福祉，因此，身為學佛的人，大家在社會上扮演著各自的角色，只要做好分內的事，就是一種安定社會的力量。我們既然存在，就有共同的責任，大家應該關心社會上的每一個人，發揮善心的力量、學習宗教家的慈悲，為他人解決煩惱與痛苦。

宗教是為全體社會及大眾服務的，所謂的「全體」即是

「地球家」（編按：即整個地球是一個大家庭之意），每個人都是地球家裡的成員，因此，人與人之間不應該分彼此，不應有隔閡與界限。在資訊發達的今日，各個不同的文化之間交流十分頻繁，思想也愈來愈相近，今天人還在台灣，明天就到了美國，這些過去可望而不可及的遠方，如今的距離卻顯得如此近，所以，將整個地球稱為地球家是不為過的。

既然人與人或國與國之間的關係如此密切，牽一髮而動全身，因此各個不同宗教間的和諧也是非常重要的。歷史告訴我們，有許多戰爭乃肇因於宗教衝突，這都是由於彼此間的誤解而產生，既然各宗教都是以生命教育為使命，殊途而同歸，所以不同宗教的信仰者也應該彼此尊重與了解，甚至相互合作，使宗教的愛如同所有人類的母親，照顧著所有人的心靈。

推翻或否定他人，並不能證明自己的價值或弭平彼此之間的歧見，唯有肯定他人，與他人共同合作，才能創造出巨大的愛心。每個人在社會上所做的事情，說大不大，說小不小，最基礎的就是要在生活中實踐慈悲喜捨、愛與和平的理念，如此一來便會形成巨大的能量，而這種能量不是為一己之私，而是為了公眾而服務，因此大家應該將心量放開，不去計較自己能獲得什麼，而要問自己能夠給人家什麼、奉獻什麼。

動物為了求生存，經常你爭我奪，一切的做為只是為了生存，並非為了追求真理而存在。只要是人，都會思考生存的真理、人生的意義與目的。生命的最大意義在於提升心靈的層次，不問收穫，只問付出，便能心安理得，臨命終時便能死而無憾了。

喜歡生命，憂鬱遠離

人們應該從當下開始，不要只去看生命中的苦，應該開始結善緣、做好事、關懷周遭的其他生命，如此一來便能放下心中對於苦的執著。

近幾年來，罹患憂鬱症、躁鬱症、恐慌症的人似乎特別多，有些人因為受不了生活的煎熬而走上絕路。輔導或幫助他們的方式是：讓他們學習以「關懷生命」的角度重新看待生命，進而喜歡生命，而非恐懼或討厭生命。面對那麼多心靈受苦或受創的人，身為學佛的人都應該盡一點力量，將我們的關懷傳送出去。

經歷過921大地震之後，許多人對生命有了不同的看法，深刻感受到生命是如此的無常、隨時會消失，此後，經過接二連三的風災、水災，有許多人因此產生了對生命的不信任感與恐懼感，再加上政治的對立及動盪，人們對於台灣整體社會產生了兩極化的看法，以至於互有矛盾。然而，台灣不過是個蕞爾小島，稍有風吹草動，全民都會受到影響，使得大家的心靈都無法安定。

此外，面對全球化的衝擊，西方社會的消費型文化及自我意識，使得我們既有的倫理、秩序受到解構，個人主義抬頭，造成社會脫序，許多人因而產生對生命價值的不信任感，不知未來何去何從。此時此刻，我們應該自問，台灣自有的文化為何？我們該如何保持並傳續固有文化，使社會恢復秩序與安定。

現代社會資訊氾濫，人們經常不知如何過濾資訊，這些資訊的重要性在某些程度上來說甚至超越了生命的價值，而當人們尋找不到生命價值時，自然就很容易產生憂鬱、躁鬱或恐慌等精神問題。譬如：有人生活中的一切明明都很平順，卻因為天天看著新聞中所報導的社會亂象，竟因而得了憂鬱症而自殺，因此，人們必須學習過濾資訊，選擇那些不致對生命造成干擾與擠壓的資訊，此外，還必須尋找到精神的信仰與寄託、尋回文化的核心思想，以此作為根基，不論社會產生何種變動，內在的安定依然還是存在，而這是需要每一個人共同努力的。

得人身如爪上泥

至於如何喜歡生命？首先必須認識生命。佛法告訴我們，世界包含了十法界，也就是四聖六凡，四聖包含了聲聞、緣覺、菩薩、佛等超越了欲界、色界、無色界三界之外的聖者；而六凡則包含了欲界六天；色界十八天；無色界四天。我們所生存的空間稱為欲界。這二十八天各具有不同的特質與生命型態，思想層次也各有不同。

六凡即是六道，其中的三善道為天、人、阿修羅；三惡道為地獄、餓鬼、畜生。生命型態則分別為四生（編按：

卵生、胎生、濕生、化生）九有（編按：卵生、胎生、濕生、化生、有色、無色、有想、無想、非有想、非無想）。以凡人的眼界來看，只能看到人類與周遭的生物，至於其他層次的生命，則一無所知。不同的心念感召不同的生命型態，就是因為我們的心念各有不同，所以會生在不同的環境，因此，善業是非常重要的，我們只要心懷善念就能創造良好的生活環境。

所謂生命就是記憶，因為生命是應累劫以來的記憶而生的。佛法說人身難得，得人身如爪上泥，失人身如大地土，得以生而為人是多麼難得的一件事！就因為人們不了解生命的珍貴，因此有些人會輕易地結束自己的生命。

人們不斷在六道中輪迴，也不斷地製造各種恩怨情仇，舊業未了，新業又結，也因此人活著總是苦的。可是反過來想，雖然活著很苦，可是在六道當中，也唯有人才能夠造福，就因為可以造福，只要懂得珍惜生命、心懷善念，便可以創造美好與幸福的人生。因此，人們應該從當下開始，不要只去看生命中的苦，應該開始結善緣、做好事、關懷周遭的其他生命，如此便能放下心中對於苦的執著。

讓心脫離各種框框

讓心脫離各種框框——人們經常被住居、汽車、電腦、電視等有形的物質給框限住，幾乎不接觸大自然，過著機械化、乾枯而缺乏活力的人生，如果經常接觸大自然，相信躁鬱症、恐慌症等精神問題自然可以減少許多。與大自然接觸，看著大自然中的動植物在生長過程中所傳達的訊息，自然會產生好奇，樂於接觸生命訊息、關心大自然中的生物，進而關心所有的生命。

除此之外，不要讓自己太忙碌，空出時間靜下來學習禪修，靜靜地與自己相處、找回自己，享受存在的感覺，把心安住在當下，不要執著於許多無謂的願望與想法，不懊惱過去、不恐懼未來，這才是人生。

我們必須培養正面、積極、樂觀的態度，遇事時不要只往負面、消極、悲觀的方向去想，更要培養慈悲憐憫眾生的愛心，願意為眾生拔苦、助人離苦得樂。隨時保持內心的清淨、憐憫、靈敏、柔軟與慈愛，並經常懺悔，以懺悔洗滌心靈，心便會安定。

思想的轉換可以預防憂鬱症的發生，但如果不幸有了憂鬱或躁鬱的症狀，一定要趕緊向醫生求助，以運動作為輔助，不可以輕易自行停藥，終究可以治好病症。與此同時，別忘了回到禪修上來，以修心作為日常功課，便能逐漸回到日常的軌道中。

種一畝服務之田

此生能夠投生為人是非常難得的事，
如果不能善加珍惜，把握時間學習佛法、多行善事、累積善業，
便白白浪費掉這難得的人身。

從事義工服務是一種佛法精神的實踐，當人們在奉獻心力時，無異於捐輸快樂給他人，當看到別人快樂時，自己也會感到很快樂。不論奉獻的對象是誰，供養了什麼，一定要具有「三輪體空」的心態，才會感受到空樂；若是以得失心去做奉獻或服務的工作時，則容易產生計較的心理。以歡喜心去從事服務工作，便是播下歡喜的種子。

為他人服務可以累積功德，同樣的，禪修不僅可以使人們感到內心喜悅，也可以累積功德。這是因為在禪修時人們必須收拾散逸的心，腦中的思想是清淨的，不會製造損人不利己的念頭，思想能夠清淨多久，就能維持多久不造惡業。人們無時無刻、每個起心動念間都在造業，而禪修可以調心，累積不造業的功德。

我們要常常保持喜悅與愉快之心，最主要的方法是建立「生命服務生命，生命奉獻生命」的心態。其實，我們常常都在服務他人，只是不自知罷了，譬如：當我們在家庭裡照顧先生、太太、孩子或侍奉公婆時，就是一種服務，只是，人們經常做得不甘不願，因此也就感受不到快樂，須知唯有以甘願的心去服務，才能感到快樂。做生意時也是一樣的，如果能夠非常用心的去服務客戶，雙方都會覺得很快樂。

又譬如在佛教的寺院中，甘心奉獻心力或資糧來供養佛、法、僧及善知識，使學佛者具足學佛的資糧，在修行的道路上精進、成就，進而回頭引導人們走向解脫的正道，並成為修行道途上的良師易友，幫助人們共同面對生命之路，使人們生活得更清淨、快樂，這也是一種服務與奉獻。

「生命服務生命，生命奉獻生命」是獲得快樂的真理，千萬不要將服務或奉獻視為一種苦差事。當我們在服務他人的時候，要將對方當作自己或佛菩薩，因為服務他人就是服務自己。在服務他人時不能有分別心，因為對方的身分地位而有所差別。人的生命此死彼生，當這個身體死去時，自會在他處投生，凡過去世所造的惡業必定有成熟的一天，反之，善業亦然，因此，我們要善待每一個緣，以歡喜、感恩與喜悅的心與眾生結下善緣。

讓福報滿盈

生命的輪迴是依累劫以來的善業或惡業來決定的，正是所謂的「因果循環，報應不爽」。累積善業便會得到善的果報，而果報就如同汽油一般，當汽車的汽油耗盡時便要加油，否則就無法行駛；當福氣的果報用完時，福氣便沒有了。因此，隨時隨地為善，就是隨時為福報「加油」，如果福報的油箱總是盈滿的，那麼不管身在何處，生命總是豐收的。

佛法所推動的就是善的志業——諸惡莫作，眾善奉行，自淨其意。我們不但要做善事，還要經常念佛、念經，洗滌心靈的污垢，轉換內心的不清淨、不安定，讓心遠離苦因，聚集樂因。

此外，我們不應強求生命「無苦」，有時候，苦正是驅使我們去行善的因。有許多富人極少布施，這是因為他們擁有愈多金錢就愈怕失去，反而窮人因為非常需要他人的布施，反而可以將心比心的常行布施。在富有時，應該常常布施、行善；而貧窮者也無須抱怨，因為，貧窮常常驅使人們行善，反而累積許多善業。

祈願人人都能成為一個快樂的人、善心的人、有智慧的人，在佛法當中學習無量的智慧、解脫煩惱、去除障礙；學習慈悲，使福氣無邊。只要擁有慈悲心便能擁有無邊的福氣；只要擁有無邊的智慧便能事事無礙；只要參透佛性，便是擁有無量壽。

第二味 原味禪

學佛的人，
最重要就是點起你那千年不昧的靈性明燈，
找回萬年不失的真心；
如果離開禪修，就很容易忘了什麼叫學佛。

相，了不可得

天天打坐，就像油燈每天都添油，並且把燈上面的那些燈花，
雜質弄掉，讓燈不斷的光明，
總有一天，那個光明就會變成一個永恆的，
不需要再點亮的一盞永恆明燈。

身體好比是冰，靈性好比是水，人們的想法、身體就像冰塊融進水裡一樣。身體不過是一個由業力所呈現的幻相，而靈性則是「寂而不生，靜而不昧」的，唯有在不生不昧之下，我們才能夠體驗一切「生滅滅已、寂滅現前」的安靜。

所謂離相就是不住相。諸法如幻，諸相不可得，心所幻起的一切都是不真實的。不論是人身的幻影，心念的幻起，意識中隨意短暫的一個影像蹤跡，全都是相的顯現，而「相」是了不可得的，是無常、短暫、並且每個剎那都在變化的，所以我們要放下、放下、再放下，放下這一切不可得的不可得。

融掉「有身體」的感覺，讓心靈的種種壓迫感、有為的心，統統放鬆、放下，觀眼識不可得，耳識不可得，鼻識不可得，身識不可得，意識亦不可得，因為這一切就像是照相機的作用一般——照了才會有相，然而即使照出了相，也仍然是不可得的，因為相歸相，心歸心。

離開心的意識，離開心的做作，離開意的分別，離開識的作用，心才能夠如秋天的颯爽天空般清朗明潔，才能夠理解晴空萬里本無雲，而我們的法身正像是無雲晴空的一種變化。

持明——人的本質就像電燈一般能夠照明，累劫累世皆是如此，從來沒有改變過，當我們出生或死亡的時候，也從沒有離開過持明的本能。我們要回到本有的持明的本能，將所有著相的心念慢慢地從「持明」中消除，便能夠清楚地覺明。我們要常常將心安住在離相、持明的狀態，離一切幻有執著，離一切我執與法執。

出離火宅　身心清涼

在正常情況下，一般人早上起床，起床後洗臉刷牙，開始一天的生活，到了晚上一定會睡覺，這些都是習慣，包括生活中的吃喝拉撒行走坐臥也都是習慣。打坐和平安禪亦然，讓人在案牘勞形中，慢慢地習慣一種心靈的柔順。雖然工作、家庭或生活中有種種不順，透過打坐和修習平安禪，可以漸次地將心靈調伏得平順。

為什麼要調心？因為我們感受外在世界的一切現象，都是因緣果報的顯現，是我們過去無量劫以來的生命變化，也是緣的變化。現在，當我們在這一生中，遭遇到生活中的種種課題、體驗到人生境遇的高低起落、面對著生命的生滅無常，在許許多多的選擇或取捨中，我們應當要保持一心不亂，讓事情隨緣變化。

學禪，就是要讓心安靜下來，覺知那心性的清明，讓因緣自然地變化，而我們的心卻不會被因緣變化牽絆著，當我們透過坐禪或種種工夫，習慣了讓心保持在覺明的狀態，就不會因為業力或因緣變化，而失去了心性的永恆光明。換言之，如果我們能讓持明的工夫持續地維持著，達到「萬年一念、一念萬年」的狀態，就比較容易脫離輪迴的苦。

什麼是輪迴的苦？指的就是執著於事相所生出的苦。我們的執著包括了種種人情糾葛、事業高低，這些並不只是今生的問題，也是過去生的問題，如果沒有修習佛法，未來生我們還是一樣被這些環境、生活、一切的執物所束縛，無法離苦得樂。要知道「三界無安，猶如火宅，眾苦充滿，甚可怖畏。」只有修習佛法，才能出離火宅，身心清涼。

回到自性佛性　點燃不昧明燈

坐禪的功用，就好像把靈性的燈打開。但是很重要的一點是，我們要努力讓它一直開著，永恆的讓它開著；如果我們坐禪也像「三天曬網、兩天捕魚」，今天坐了然後明天不坐，慢慢就會覺得坐得很無聊，也就是關掉了靈性的燈，沒有辦法出離輪迴跟黑暗，而在六道當中各取其是，永遠沒有辦法發現一個不變不動，不隨著流動、生滅而起作用的佛性。

所以今天坐禪的目的，當然是叫你回到你的佛性、覺性、空性之中，像一盞油燈一樣，如果不添油的時候，很快那個燈就會熄滅掉；天天打坐，就像油燈每天都添油，並且把燈上面的那些燈花，雜質弄掉，讓燈不斷的光明，總有一天，那個光明就會變成一個永恆的，不需要再點亮的一盞永恆明燈。

學佛的人，最重要就是點起你的千年不昧的靈性明燈，找回萬年不失的真心。如果離開禪修，就很容易忘了什麼叫學佛，雖然每天做好人、做善事，但是會在這種無明煩惱裡面，誤以為覺得學佛跟不學佛都一樣，都是苦，這正是因為你不知道用禪修來開悟心性、離苦得樂，所以沒能深刻地知道學佛的好處。

學佛就是去除束縛，去除障礙，如果我們的心沒有開悟，就會自我蒙蔽，然後不斷輪迴在貪瞋癡之中，在這個生命裡面你沒有辦法改進，也沒有辦法轉換，愈積愈多，到最後輪迴之苦是不斷的。所以我們應該有機會就打坐、禪修，好好地點燃自己的心燈、持續地維持靈性的光明。

外若離相　心即不亂

禪修是一種正受，正受就是不變動的觀念，
是不被外物影響、不受諸法牽引的，
雖處在一切的現象裡面，卻不被現象所牽引，就叫作正受。

學習佛法是為了解開我們的迷惑，讓心靈沒有障礙與迷惑。由於障礙跟迷惑會讓我們起煩惱，有了煩惱就會造就惡業，有了惡業便會生生世世輪迴，所以我們必須打開迷惑。有形的生命是因果的變化所顯現的，也是唯心所造、唯識所顯的，而無形的靈性則是不生不滅的。

學佛是一種追求真理的過程，學佛是為了學習佛的覺醒、智慧與佛法，祂的法幫助我們解決種種心中的迷障，讓我們過著清淨解脫的生活。

佛有三身，一個是人人本具的不生不滅的法身；一個是無礙的報身；另一個則是化身。佛的化身在哪裡？「眾生」就是佛的化身。眾生是佛的大悲心所化現的，佛之所以化現出世間這麼多的眾生，是為了讓每一個眾生都能夠生起大悲心，每當看到他人有難或受苦的時候能夠幫助、服務、奉獻、關懷並且付出愛心。一旦能夠去除私心，以大慈大悲心面對所有眾生，那就叫作「佛心」，一個學佛者若未生起大慈大悲的心，就無法無佛相應。

心計於得失，其心不自在

唯心的意思就是心生種種業生，喜怒哀樂悲歡離合亦由心所造，過去現在所造諸業，即成未來因緣果報。我們要相信因果，勿種惡因，常植善因，起心動念常顯良善，惡念惡心自然調伏，即《增壹阿含經》裡所謂「諸惡莫作、眾善奉行」。

修行者經常要觀照自性，體悟自己的心性、覺性和佛性，不生不滅、不垢不淨、不增不減，覺知自己的心性無染無著，光潤明澈、淨無瑕穢。那麼我們為何還會煩惱憂慮？因為我們心有罣礙、心有迷惑，我們從出生開始就在接觸外在的事物，使我們遠離了自我的靈性，而不斷地執著於物質生活的種種，無論是感情、事業或工作上的尋覓追求，都讓我們患得患失、內心起伏不定，所謂「心計於得失，其心不自在」，因此我們必須知道，煩惱憂慮都是後天學來的，是肇因於我們不了解自己的心性是清淨的、解脫的、無礙的，沒有這種了解，我們因而煩惱，執著於外在諸多生滅無常的事情。

所以我們學佛，就要明白心性，不論深入經藏或聽聞正法，都可以「鑒察心意識，明了見生死」，讓我們知道死亡既是幻化錯覺、也是能量轉換，不必害怕，因為我們的佛性是不滅的、不會死亡的。我們要達到「生死垢惱無能染著」，一方面必須一直充實並肯定自性即佛性，另一方面則必須閱讀佛經深解法義。此外，念佛也是無量眾妙法門之一，當我們一心念佛，便能「於念念中，自見本性清淨」，對外界事物不再罣礙，進而「外若離相，心即不亂」，觀照到自性清淨、無障無礙、不死不生，了悟到「自性住佛性」，並努力地增長善根。

修禪調心，維持自性光明

為什麼要修習平安禪？因為我們必須學習調整心靈的頻率，達到寂靜的境界，因而進入佛的大智慧海。人生無常，如夢如幻化，一切皆苦，彷佛自來去；但是我們的心卻是不來不去的，所謂「譬如工幻師，示現種種幻；本無所從來，去亦無所至」正是此意，我們的思想心念猶如水波，雖有波狀，終究是水，打坐或修習平安禪的目的，就是要讓我們體悟本心不來不去。清清楚楚的，明明白白，體會自己的靈覺光明不滅，譬如點亮心中一盞蠟燭，而妄念如風呼嘯吹拂，如果心思散亂妄念四起，靈覺就如飄風中的燭光，搖曳不定、終將熄滅；我們禪修就是要維持一份當下的寂靜，專注於寂靜，妄念自消除，如疾風止息，靈覺恆不昧。

禪修是一種正受，正受就是不變動的觀念，是不被外物影響、不受諸法牽引的，雖處在一切的現象裡面，卻不被現象所牽引，就叫作正受。我們安住於正受之中，便不會被干擾，並且會慢慢地由寂靜中點燃法性的光明；如果修習得不好，點不燃法性的光明，則無法脫離輪迴生死。

我們的生命就像一顆水珠，如雨滴落地，匯集進河溪，奔騰大川中，悉流入大海，人就是如此流動性的生命，凡人但見其為生死，實是生命流動不居。當生命流入大海後即為眾生，雖受太陽照耀蒸發散入空中，若不見佛，終成雨滴再度落地，即再度墮入輪迴。所以，人如果不明瞭靈性、不體悟佛法，則無法脫離輪迴，得嚐受無量無數劫流轉於生死海之苦。生命一旦流轉投生為六道眾生，彼此之間或互為父母子女、或互為兄弟姊妹；或彼此追逐廝殺、或相互吞啖取食，如同食物鏈般，輾轉相續，互為因果。

因為有迷惑，於是會墮入輪迴，眾生如果不學習佛法，就不知道如何不讓靈性受到迷惑，也就無法出離輪迴的業海，所以我們必須透過佛法，將知見轉化成不生不滅的涅槃寂靜。涅槃寂靜意味著點燃自身法性的光明，然而這種光明畢竟還有層次，在未開悟時，可能要如履薄冰般地照料這盞法性光明的燈火，一旦開悟之後，那盞燈火自然而然就能照耀大千世界，不再熄滅。

這種光明境界是每一個人都可以進入的，只要有機會，每個人的靈性都可抵達極樂世界；何謂機會？即是學佛。學佛就如同選擇要不要搭乘太空船進入太空一般：如果眾生貪戀癡迷，不求解脫，當然就只能留在俗世輪迴受苦；

如果眾生選擇搭乘太空船，卻心不自安，害怕自己無法堅持、擔心太空梭失事墜毀或懷疑船長的領航能力，此念不除，太空船與空中爆炸無異，乘客當然又墮入輪迴。所以我們要學習佛法、堅信自性光明，並遵照覺者的帶領，才能夠行於破除迷惑脫離輪迴的正道上。

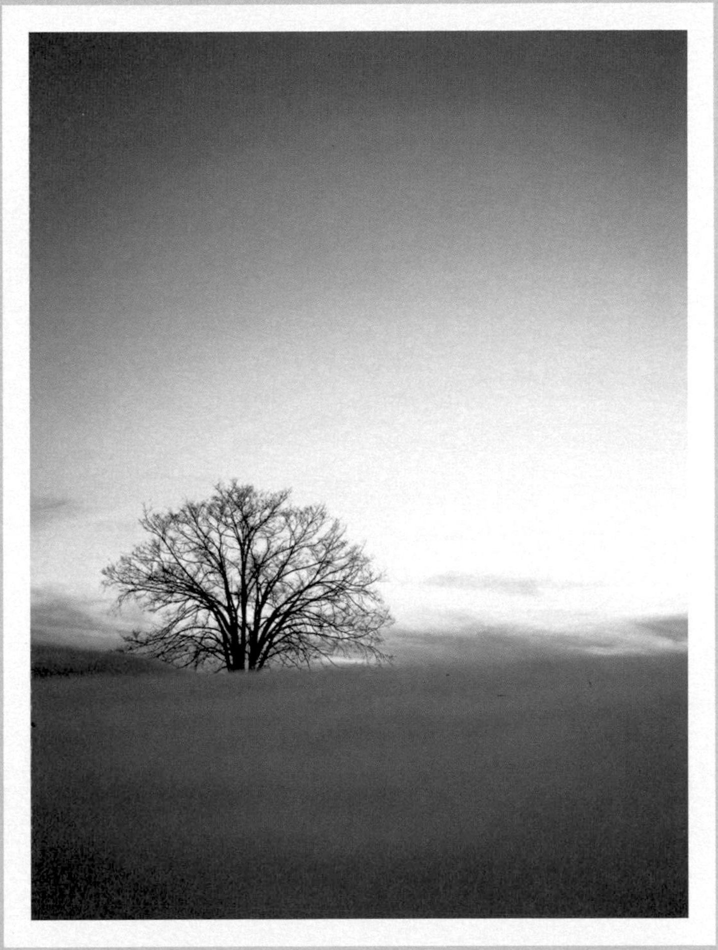

觀照寂靜，斷除障礙

我們要無所得的聽，靜靜的聽、安靜的聽。
聽自己、聽一切，
把想法放下、把執著放下、把罣礙放下，
讓它遠離我們。

人生如夢如幻，我們遲早要捨去這個身體，離開這個身體，那麼是誰活著呢？讓我們安靜的聽、靜靜的聽，離開實相、離開成住壞空，離開生老病死的現象；安靜的聽，不住不取的聽，無所得的聽。要知道世間一切終究壞滅，想法無所得，名利無所得，好壞無所得，乃至於是非善惡無所得，有身體無身體亦復如是。所以我們要無所得的聽，靜靜的聽、安靜的聽。聽自己、聽一切，把想法放下、把執著放下、把罣礙放下，讓它遠離我們。回到我們獨一無二的存在，不住相、不攀緣、不生心、不起伏，安住在寂靜聽之中。

當我們聽的力量沒有觀照出來之前，我們的是沒有解脫力的，沒有斷煩惱力量的。我們的妄念就是像流水一樣的、反反覆覆的。只有我們的深深的聽、靜靜的聽，讓這樣的觀照力，產生力量，才能夠除斷煩惱、除習氣，才能夠真正轉生、不受輪迴。不然我們隨著起心動念而生滅，也就是隨著外境所顯而生滅，心境的在生生滅滅的變動中，就開始有感性跟理性，有得失跟好壞，有人我的分別，所以產生了很多對立的觀念；然後在對立的觀念裡，我們生起取捨心、煩惱心，因而產生了苦的果報。

「因」就是心生，「果」就是環境人事物的呈現，只有息滅諸妄念，才能斷絕苦果。要息滅諸妄念，可以用安靜的聽、聆聽寂靜來達到，一切寂靜則妄念不生、妄相不生、妄情不生，可以讓我們的心圓滿，而不被「節錄」。用聽去斷除這些內外的障礙，用聽的禪修力量去回向一切障礙消除，回向所求如願、事事順心。換句話說，聽寂靜的禪修跟念經、念佛、聽法，有異曲同工的作用，都可以消除障礙。

心念澄淨，觀無寂之寂

在《楞嚴經》中，大勢至菩薩開示道「都攝六根，淨念相繼，得三摩地。」而觀世音菩薩開示道「從聞思修，入三摩地，初於聞中，入流亡所，所入既寂，動靜二相，了然不生，如是漸增，聞所聞盡，盡聞不住，覺所覺空，空覺極圓，空所空滅，生滅既滅，寂滅現前。」

「都攝六根」，就是讓我們的眼耳鼻舌身意，都能夠在淨念裡面。譬如我們專注的聆聽，聽就是一個淨念；如果這個聽不中斷，就叫做「淨念相續」。換言之，當你能夠專注於聽，心念不斷，那就是「淨念相續」，如果能這樣繼續下去主宰你的念頭，而不被身體所主宰，就可以入三摩地，亦即除滅煩惱、轉脫生死；這是我們修行的重點之一。

比如說念佛，一心持誦「阿彌陀佛」，當這個念頭沒有斷、續，不受干擾，就是個安靜的念頭，就是淨念。淨念相續是需要下工夫的，這就是安住的工夫，也就是忍的工夫。你能夠安住念頭到多長的時間都不會移動？一個小時、兩個小時？還是一個禮拜、一個月？如果三兩下，你就不曉得心跑哪裡去，表示工夫還不到家，還得多加油。

另外，所謂「從聞思修，入三摩地」，聞就是我們知道修行的法門，思就是我們要貫徹並且理出頭緒，修就是好好的實踐。從聽聞而讓思緒澄淨，然後把思緒貫徹到這種實證，透過這種一貫的實踐而到達三摩地。如同前面提到

的，三摩地一定安住在淨念相續之中，長此以往，心無起滅，這就是無生的安住，也就是安忍。

「初於聞中，入流亡所」，就是說我們聽到任何的聲音，都會進到內在的安住，而不是在聲音上；雖然開始時聽到的是外在變化的聲音，或是外在的安靜，但是我們聽寂靜，就要回到內在，而外在的聲音就會歸於寂靜。「入流亡所」，其中「所」指的就是那個發聲的地方，已經回到了我們的內在。當我們一直聽寂靜的時候，聽和靜漸漸合而為一、無二無別，就叫做「動靜二相，了然不生」。如此慢慢地、不斷的下工夫以後，就是所聽的一切都沒有一絲一毫的著相，即「聞所聞盡」。當你都不會去執著所聽到的一切，心沒有罣礙和貪執、心念沒有分岔，所以「盡聞不住」。此時，你會有一個覺的覺所；覺所就是你會感覺到這種「無住之覺」，然後慢慢的感覺到覺所會空掉。靜靜的加強這個空的一個感覺之後，你會感覺到空是一個極大的圓滿，等到極度的「空」到達一定的程度，空的覺受又會消除。空達到極高的一個級數的時候，「空」就不見了。到覺所覺空的時候，會感覺到非常美好。到最後呢，覺受會越來越細膩、越來越精進，當進入「空所空滅」，空的美好又不見了。一直要到這個境界，我們的生滅心才會斷掉，涅槃心才會出來。這是略為描述一下整個過程而已，想要做到一定要好好的下工夫。

生命須與散滅，勿執著於無常之心

今生的生命會銜接無限的生命，所以要珍惜它、延續它，最好的豐收、最好的智慧、最好的開悟、最好的福祉，就在今生的生命開端做最好的努力。

人生如夢如幻、如水中影，如鏡中像、如空山響，有的時候我們坐在這裡，突然之間會不曉得自己身在何方？但是不管我們在任何地方，都會感覺到生命是短暫無常的，所以我們必須找尋真理，找尋永恆的歸宿處。什麼是永恆的歸宿處呢？就是我們的覺性、空性，覺性空性不隨心識的生滅而生滅，不隨因緣的變化而變化，不隨現象的起伏而起伏，所以說是不來不去、不垢不淨、不生不滅的。當今天大家執著這個肉體於是就有生死，執著這個想法於是就有知見，執著一切存在於是輪迴無盡。

我們的心叫做無常的心，所以會對人生有很多無常的感受，久而久之就養成惰性：對自己懶惰、對家庭懶惰，乃至於對周遭人事物的懶惰，這個惰性是我們的情緒，是心境上的一個執著。生活的無奈、生命的無常，這些感覺都是因為你把這些全當作是真的，所以你會感到無奈與無助，覺得天天的生活都一樣，日復一日，就會心灰意懶。

如果我們能夠覺照到這些情境都只是幻有無常，而且我們的心也是因著事情外物而變化不定，於是我們不要相信妄心、不取於外境，不執著變化，而能夠安住在聽寂靜，聆聽一切東西默默寂寂生滅消失，而不去取捨分別，那麼這些生死變化終究就歸於寂滅。

所以我們應該要聽此寂滅性，本心不變不動不取不捨，安住在明明朗朗、清清楚楚、無罣無礙的廣大虛空。那麼你才會覺得是非常珍貴的，因為今生的生命會銜接無限的生命，所以要珍惜它、延續它，最好的豐收、最好的智慧、最好的開悟、最好的福祉，就在今生的生命開端做最好的努力。如果你這樣積極的去想，那麼就可以捨棄掉對於生命的無奈。

狂心自歇，歇即菩提

貪是種狂心，瞋是種狂心，癡也是種狂心，什麼是狂心呢？就是我們每一個念頭不斷的追逐，追逐外在的現象，無法停止下來。譬如大家都看過鬥牛場裡的牛發狂，當牛發狂牠就「盧下去啊」（編按：台語），狂蹦亂跳，什麼都攻擊；或是像馬發狂，牠不管主人怎麼樣，就只想把人甩下來，胡踢亂踹，無法自止。其實人發狂也是類似的情形，我們到社會上種種殺人、放火，還有許許多多傷天害理的事情，發狂就是沒有理性、沒有智慧了、沒有覺照，而所謂的「狂心自歇、歇即菩提」，指的並不是時間久了原本發狂的狀態停止的情形，而是要讓狂性「未生令不生，已生令永斷」，如果你能夠不生起狂心，就可以看到覺性。

今天我們禪修的一個重點，是聽寂靜，這就是耳根圓通禪。可以讓大家的紛亂心念，能夠靜靜的沈澱下來，然後狂心也停歇下來，如此我們覺性的種子就開始啟動了。所以大家就算一天只有幾分鐘的時間，來修習「狂心歇即菩提」，也是很有助益的，如果你們常常精進的禪修來讓狂心歇息，成果會更大。要知道我們這個心無時不刻蠢蠢欲動，有些人一時半刻都坐不住靜不下來，那就是妄想洪流、欲望洪流、瞋恨洪流以及種種迷惑洪流，盲目地一直奔竄而不能夠停歇，如果大家可以用禪修的方法，來讓整個心沈澱下來，即是菩提。

要讓眾生的狂心停歇下來，必須要處理和加工一下。佛說八萬四千種法門，可能有的人拼命念佛，有人不斷持咒，有人全心修觀，法門雖然有很多，但都需要環境因緣和合，如此修觀才會修得很好、持咒念佛才會圓滿。同樣地，苦行也是一個「加工」方式，加強你對覺悟的發現，降伏你的狂心，靜默你的妄念。八萬四千法門，法法只要合乎眾生覺悟的起源方法，每一個方法都是有利的。有的人一打坐即如萬年不滅燈，坐破許多蒲團，這要花多少的時間和苦工！這是何等的精進不懈怠。要成就一個道，就要把不好的念頭調到乖順，這真的是要下工夫！

心性照亮吉祥世界

如果我們的心，
常常是寬恕的、原諒的、改過的、懺悔的，
那麼這個世界就是吉祥世界了。

吉祥的世界就是祥瑞的世界，祥瑞的世界就是功德的世界，功德的世界就是共生共濟的世界，因為共生互濟，所以不分彼此。「吉祥世界」跟禪有什麼關係呢？吉祥世界就是和平、祥瑞的世界，因為心的和平、安詳、寧靜，種種吉祥的事情就會呈現。如果心亂，就算外表看起來沒事，內在還是可能有憂鬱症、躁鬱症等心理疾病。如果可以透過禪修，把心歸到寧靜，就可對治這些問題。禪修一定要按部就班的做，要安定，讓心喜悅，從安心、安身、安命、安社會、安國家到安世界，把善分享給眾生，構成祥瑞世界的善循環，所以我們要從心的安寧開始，吉祥世界才會發生。

我們應該要怎麼樣在平安禪的修學上努力，才能夠共同圓滿「吉祥世界」呢？重點是心安！心安就吉祥，我們的身心就會平靜；坐禪就是讓心去除所有的爭鬥、讓心沒有任何的起落，坐禪讓心能夠無心，於是就和諧、安定。所謂吉祥世界，就是我們每一個人都能夠找回自己的心，安住在和諧平靜之中、心有依靠，就不再是流浪、不再紛爭、不再、盲目。所以說心回到心，就是心安，吉祥世界就是希望每一個人都能讓心回到心。

我們每個人就像一潭渾水，渾濁意味著貪、瞋、癡、慢、疑充斥其中，不知道什麼時候這潭渾水才會沈澱、才會清淨？如何讓這潭渾水不混濁呢？禪修就是一個很好的方法，如果我們專注禪修，舉例來說，專注於聆聽寂靜，那麼就可以消除貪瞋癡慢疑的雜質，讓我們沈浮不定、渾濁不清的心能夠安定澄淨。

修行就是一個觀照，我們知道般若的思想後，還要作觀照的實踐，才能夠達成這個實相的證悟。如果不觀照，就沒有辦法契入涅槃、無生，以及不生不滅的心性；透過觀照，可以幫助我們遠離那些阻礙我們接近涅槃的事物，而是讓我們更加肯定那些接引我們親近涅槃的事物，由於這種肯定的觀感，所以我們就更能安住在禪修的三昧裡，有了禪修的三昧力，才有斬斷煩惱、去除習氣的能量。

當我們常常用般若來觀照空性，用心性來離相、不取相，用觀照心性來持明，進而得到無礙的智慧。如果大家在觀照時，照見了般若，這就是接近無礙智；如果照見了心性，就會發見心性如同一盞不熄滅的燈，我們就是要維持住自我心性的明亮。

觀照覺性明淨不昧

我們如何透過打坐來讓這盞心性之燈維持明亮?為什麼把心比喻做燈呢?是因為那份光明。所以我們正是要在禪修中，讓心性像明光般不要熄滅，換言之，讓心性照而不昧，如果可以下功夫不斷觀照自心、讓心性持明，則我們的心就不會昧失、不隨外相生滅;另外，觀照般若是種無礙的工夫，心性持明和觀照般若都是我們本來心性的功能。禪修就是不斷地讓我們的心能夠趨入空性，讓我們無染著的心慢慢地從禪修中明白起來。事實上，這是非常單純的修行。

心性以外還有什麼呢?心性以外就是現象，另外就是五蘊和見聞覺知。心性是一個非常單純的，單純到無有一法可得。有人說觀照心性就是要看覺性、找覺性。這種工夫的確沒有那麼容易，因為這也是一念之差跟一念之悟，只是有時候人就是沒辦法體會。所以要常常打坐，我們可以從打坐中發現到安靜的相，從安靜的相中能夠進一步照見覺性，其實很多人天天都在使用覺性，可是卻不知道它長得怎麼樣，覺得覺性是身體，但事實上它卻不是身體。所以我們一定要離開身體去觀看，離開現象去照見，才可以看覺察到不生不滅的東西。我們的覺性就是不生不滅的，如果留在現象裡面，怎麼看覺性都以為那是身體，是眼耳鼻舌身意，離開現象去照看覺性的確是不容易的。

我們要知道，只有好好的學習佛法，「諸惡莫作，眾善奉行」，才是生命的進步。日子一天一天地過，如果我們累積的是善業，就是不結惡緣。如果沒有佛法，就老是會結惡緣，結惡緣就是對立的世界；如果我們的心，常常是寬恕的、原諒的、改過的、懺悔的，那麼這個世界就是吉祥世界了。所以說要好好讓我們的善心保持明亮，多點愛心、少點欲望、發大悲心及大願力，行利益一切眾生事，吉祥世界就在眼前。

身如聚沫心如風

學佛，可以清理人們的欲望，
使人們甘於過著簡樸、清淨、簡約的生活，
只要人人如此，就會有一個健康的社會。

一切的心念都像水一般流動，沒有一個念頭是可以停滯的；身體就如泡沫一般聚了又散，當人們對自己的身體產生執著時，不妨觀想東南亞海嘯那些死亡的災民照片，照片中那些發黑腫脹發臭的屍身是「真的」嗎？照片中的死者是不是「我」？

我們的身體就如同泡沫一般，當生命與這個臭皮囊緣盡了的時候，泡沫就會散去；身體也好比是一棟破屋，零零亂亂的。身如聚沫心如風，我們無須太過執著於身體的幻象，因為，當心執著於幻身的時候，就會產生痛苦。

肉身是由地、水、火、風四大所組合成的，再加上識和空，就稱為六大和合。往生時，彷彿泰山壓頂，地融入水（編按：將土放進水中，土便在水中散去），身體會失去所有的力氣；而當水融入火的時候，身體會無法控制地流出體液，並漸趨乾燥，往生者會感覺到忽冷忽熱與口乾舌燥；當火融入風，體溫會漸漸降低，如烈火焚身；當風融入識，呼吸會漸漸停止，失去知覺，彷彿狂風橫掃世界，接著便只能等待來生了。

當肉體死亡之後、尚未投生之前，靈識想到哪裡剎那間就可以到達，毫無障礙與罣礙。當我們在禪修時，就是要毫無障礙的離開四大的束縛，與我們本有的靈覺相應，因此，應該將所有一切思想、分別心統統融入「空」之中，如此一來，就沒有了識的分別，也才能夠靜靜的回歸法性之身。

禪修可以使心安定、喜悅，唯有「心」願意將一切善分享給一切眾生，這個世界才會吉祥和平。因此，禪修要從最基本的安心、安身開始做起，而後才能安定社會、國家與世界。

清理欲望，甘於簡樸

如何確定自己的修行究竟有無進步，首先要看慈悲心有無一天比一天增長、願力是否一日大過一日？如果答案是否定的，表示心量不夠大，表示心仍然工於計較，心一旦愈來愈會計較，就表示禪修並未進步。因此，我們要經常讀誦經典，了解經典中的內涵，來擴大自己的心量與慈悲心，同時，要經常警醒的清掃心中的煩惱，當我們在清掃煩惱時，自然就會明白修行究竟有無進境，如果煩惱多、欲望也多時，就表示修行退步了。

今日的社會，有許多問題都導因於貪。譬如：一位貪杯的父親，在喝了酒後虐子，把孩子當球一般拋去撞牆，讓無辜的孩子平白喪命，這即是貪的結果；又譬如那些酒後開車肇事的人，好端端的撞死無辜的路人或其他駕駛，使得別人的家庭因而破碎，孩子因而失怙，自己卻毫髮無傷，無事惹事，這也是因為貪的結果。學佛，可以清理人們的欲望，使人們甘於過著簡樸、清淨、簡約的生活，只要人人如此，就會有一個健康的社會。

五欲起，惡業叢生

現代人的五欲特別強烈，所謂的五欲分別是財、色、名、食、睡。五欲一生起，社會便會產生重重的問題，人心便會愈來愈自私，唯有好好參悟佛法所說的「諸惡莫作，眾善奉行，自淨其意」，才有可能慢慢加以導正。學佛學的是寬恕、懺悔、改過，同時也要學著讓自己愛心多、欲望少、願力大，而一個充滿寬恕、懺悔、改過，又充滿愛心與願力的社會，自然就是吉祥世界了。

我們可以常常參禪宗的祖師偈，這些偈是祖師們開悟的精華，幫助我們在禪修上獲得進境。譬如我早年一個人獨自修行時，並沒有太多老師可以指導我，我只好透過祖師偈去參悟，於其中得到感應、靈感與智慧。現在，我將個人的經驗傳承給大家，希望大家多多背誦祖師偈，將祖師偈視為一條指引我們開悟的正確道路；此外，也要多閱讀祖師們的傳記，使我們生起修行的堅定信心。

五祖弘忍在傳法給六祖惠能的時候，對六祖開示道：「有情來下種，因地果還生，無情亦無種，無性亦無生。」這段話的意思是：有情眾生來到人間學習佛法，猶如開悟的種子，這顆種子未來將開花結果，也就是終將成佛的意思。一切的輪迴因果都是因為「有情」，而不懂佛法的人因為在人世造了業，於是必須不斷的輪迴。一旦我們學習到空性、開悟之後，便不會再墮入輪迴，這就是「無情亦無種」的意思。這段話同時告訴我們，只要好好修行，一定可以參透空性。

本心原來是佛

心本來清淨，由於沾染了外在的境遇，心就開始忙碌，心思紛亂，動腦太多，使人很容易產生疲累感，也就是現代人之所以有文明病的原因之一。

修行從心開始，亦即證悟本心，心即法界、即眾生、即生命、即解脫。本心亦名為佛，然而我們如何讓本心真正成佛？答案是要有覺悟，覺悟需仰賴正法，修法要靠清淨；如能以清淨相應正法，則能由正法透視一切虛妄，從透視一切虛妄而證悟心的本來面目。

我們的身體也是唯心所造、唯識所顯的，由於心造作了業，業顯現為具體形狀，即變成有形的身體。因此心會造作今生的身體，也會造作來生的身體，乃至於生生世世、無窮無盡。由此觀之，究竟那個身體是真正的我？因為每一生的身體都是自己的心所造作的，如何說哪一個才是真正的我呢？無論是過去生，還是未來生，我們的心都造作無窮無盡的生命，生生死死，死死生生，如此的唯心所造、唯識所顯，因而是無窮無盡的。心是因，識是果，我們不止要從心去了解因的源由，也要從識去了解果的變化。很好的一個做法就是從耳根聆聽寂靜，來進入自我的覺性之中，找回自己的本來面目，並斷除一切的相，從而斷除一切心的造作。

我們聆聽寂靜，而什麼是寂靜呢？耳朵是唯一可以感知寂靜的感官，眼、鼻、舌、身體都沒有辦法，唯有耳朵能夠聽寂靜。我們用耳朵聽寂靜，再從寂靜中去了知我們覺性的本來面目。為什麼聽寂靜可以轉化成了知覺性？這是要下工夫的，要不斷的禪修，讓自己調伏妄念、漸漸地不起生滅心，如果我們能夠不起生滅心，不生妄念，就可以接近禪定中的止跟觀的境界。止的要點在於攝心，聽寂靜的攝心就是把心凝攝在耳根，就是把心一直專注在聽覺中而不散亂；觀的要點就是照見寂靜，寂靜就是沒有任何聲音，觀照虛空，一切都是寂靜，我們進入寂靜無聲之中，再進而聆聽寂靜，去除一切的妄相執著。所以不斷的聆聽，便可以漸漸地降服我們心中的妄相執著。

心思歸零，腦筋清明

我們可以透過禪修把心思歸零，讓腦筋清明，把種種起心動念和攀緣執著，慢慢地拉回到我們的本心，安住不動，這就是心思歸零。心本來清淨，由於沾染了外在的境遇，心就開始忙碌，心思紛亂，動腦太多，使人很容易產生疲累感，也就是現代人之所以有文明病的原因之一。現代人動心起念太多，造成腦缺氧、身體缺氧、睡眠品質不好，一再循環影響的結果，讓人的心形同一潭污水，所以要回復心的清靜一定要讓腦休息。不然的話，最後我們的心會忙到對家庭親人沒有感覺，甚至對自心的安定都沒有感覺，一再環扣串連的結果，最後心就很難回到原本的清靜本貌。人的一生，作息時間有一定的限度，比如說睡眠，人忙了一天一定要睡眠，如果忙過頭了沒辦法睡覺，身體和心都會受到影響，所以回歸正常的生活作息，也可以符合禪修的精神。

禪宗就是以這種參悟為主，參悟我們的本來面目。何謂本來面目？我們的心就是本來面目！每個人都有心，可是一般人只認識肉團心，以為心就是心臟，卻忽略了對心的參悟，如果我們對心的參悟到達了徹底明瞭的境界，就叫作明心；而對心的本質能夠了解的話，就叫作見性。心性也叫做法界性，換句話說，了解心性也就了解宇宙的一切；不了解心性，宇宙的某些部分我們就沒辦法了解。佛法裡面有所謂的叫見思惑、塵沙惑，如果人可以明心見性能、了悟無生，那麼就能夠斷絕見思惑，去除塵沙惑，這些禪修功夫，我們必須要一點一滴的學習，努力把握住這難得的修持機會。祖師偈最重要的意義，也是讓我們去參悟本心跟自性。當然每一個祖師由於因緣不一樣，所以他們寫的偈子不一樣，雖然看起來不一樣，可是接心的道理是一樣的。想把我們的心接起來，「止觀」是很重要的；止就是攝心，觀就是照明，止觀就是攝心照明，讓自己能夠因觀而解脫，因止而攝心。

回歸本心，覺醒自性

念佛要念到心清淨，念咒的要念到心清淨，
禪修也要修到一塵不染，心念是不染著塵的，
如此才能真正的利益眾生。

禪宗法門，是生活在這個時代的人非常需要的，只要人們能夠盡量把自己的心單純化，回歸本質、本有，慢慢便能回歸自性了。

人們之所以會輪迴，是因為心不斷往外攀緣、貪取，而沒有向內觀照，所以始終找不到自性。更由於人們不斷追求享受，反而沒有辦法得到真正的安樂，因此心便永遠不

滿足。要讓內心得到滿足，就要回到自性。

禪就是心，心就是禪，要證悟自己的心性，便要去認識心性、清楚心性，然後保任（編按：保護任運之簡稱，是行者開悟後對身心的調理及運用狀況）心性，就能夠回到自性了。我們並不需要向心外去追求，只要一直不斷的認識自己的心就可以了。

離垢無垢，心本光明

禪，就是覺醒。覺醒的時候，心地會產生光明，心地光明的時候，才能去除心的障礙，去除心的障礙之後，心才會清淨、解脫。這就是禪的意義。

自性本來就是清淨、覺醒的，自性就是佛，自性就是法，自性就是僧。自性是覺醒、無障礙、清淨的，這就是禪。自性又稱為佛性、覺性，自性是每個人本有的，而肉體只不過是因緣和合而成的，肉體因我們過去生所結的善、惡緣而形成，是有時間性的，時間一到便會消滅，因此是無有常性，是虛幻的。

自性創造了身體，這就是唯心所造、唯識所顯。當我們的心創造了各種因緣以後，就會顯現成一種具體的意識，這種具體的意識就是我們的身體。我們的身體只是一個短暫的幻覺，而不是真實存在的，我們的身體是由地、水、火、風四大元素所組成的，而覺性，卻並不會隨著「四大」

和合而和合，也不會隨之離散而消失，覺性就在那裡，如果我們能夠覺悟自性，生命就會清淨、沒有障礙，反之，生命就會煩惱、憂鬱、迷惑。

禪，正是要開覺自性、覺悟自性清淨、離一切妄相的，而我們每個人都具足清淨的覺性，所以每個人都在禪裡面。《六祖壇經》說道：「何期自性本自清淨，何期自性本不生滅，何期自性本自具足，何期自性本無動搖，何期自性能生萬法。」我們的自性是能生萬法的，我們的自性本不生滅，而自性就是我們的心，所以每個人只要找到自己的心，回到心性裡面，這就是修行，否則就不是真正的修行。

所以，學佛就是要讓自己進入真實的生命狀態之中，找回自心實相、本地風光；所以，我們要把自心實相找回來，跟自心實相在一起。自心實相是永恆的、是光明的、是不變的，是遍滿虛空的。當一個人覺悟自心實相的時候，才會有真正的慈悲心。

當覺悟心性真如時，便會體驗到眾生和我們是同體的，眾生的體性與我們是無二無別的。所以當眾生有苦有難的時候，便會盡全力幫忙；當眾生遇見問題的時候，便會全力協助他們解決問題，並努力接引眾生，讓每個人都生起慈悲心。當覺悟自心真如之後，便會生出這樣的大慈悲心。學佛就是學習宇宙、人生的真實本相，直至證悟到自心本性之後，我們便能自然而然散發出智慧與慈悲，並且生生世世從事慈悲與智慧的工作，做正覺、成佛的事業。

成佛三乘，自利利他行

佛的三乘之行，就是自利利他，覺行圓滿。成佛的主要方法，就是自利利他。自利就是修行，就是還本歸源，回到自己。修行有念佛、念咒等各種法門，自利就能達到證悟。證悟以後，菩提心自然出生，不退轉心自然出生，從這裡開始就是要覺他了。

自利就是自覺，利他就是覺他。從自己的修證法門，得到覺悟之後，菩提心才算堅固，從此才是自利之後的利他行。自利，一定要從修行開始，從自己的品德、修養開始，把自己的身、口、意攝受進來。

該怎麼作呢？可以透過「止」跟「觀」來下手，止就是「攝心」、觀就是「觀照」。攝心就是將心定在一個境上。「觀」就是透過觀照，讓我們的心清淨，不沾染、不執著、不罣礙、不迷惑。攝心就是把心抓回來，觀照就是叫你的心不要執著了。所以禪的基本功就是攝心觀照，透過攝心觀照，以心印心的關係才會發生。

學佛就是要證悟自心、明心見性，到發堅固菩提心，到成就佛果，這段期間是相當漫長的。「明心見性，修行成佛」以及「自利利他」這兩個方面，我們學佛的人一定要按部就班的做，如果沒有按部就班的做，有的時候你忙著度眾生，然後就忘了修行，我們的身、口、意就有問題了，因而觸犯很多的煩惱，造很多的惡業。

所以自利利他，要從實修開始做起，我們一定要知道怎麼去做功課、怎麼去修行。我們的心就像混濁的水，經過了禪定修行，心就會清靜，清靜之後就會光明。你如果沒修止觀，心就不會澄清、也就不會光明，因此心就混雜不清。所以我們念佛的要念到心清淨、念咒的要念到心清淨、禪修也要修到一塵不染，心念是不染著塵的。如此才能真正的利益眾生。

實相離相，眞心眞如

當我們在聽寂靜的時候，就是在練習離一切的念，可以離開一切念，當然也就拋開種種妄念，漸次地因為聽寂靜的關係，而離妄成真。

人的心靈總是著相，如果沒有相的話，也就沒有心念可以跑動；正因為我們隨「相」逐流，所以心念就附著在每一個事物上，隨著這些事物而產生住念、罣礙、執著的情形，於是我們本來的心性就被牽著走，因而沒有辦法破除迷惑。所以我們應該安靜的聽，讓一切過去，一物都不住，讓一切妄念各自流去，讓一切想法各自消逝；放下一

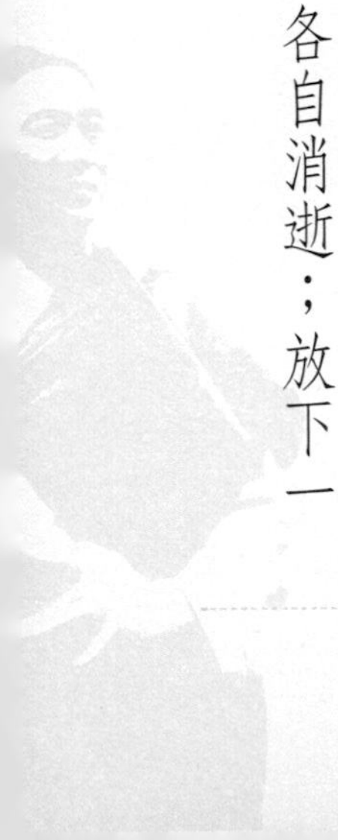

切有身想和無身想；放下一切思維和不思維，乃至於放下一切身與非身，對錯是非也全都放下。正因我們的心念隨諸現象流轉而變成心念，所以當我們的心念離相的話，就是「真如」；如果心念不離相，就沒有辦法成為「真如」。

如果說真如即一切法，則離相即一切法。因為真如遍一切處，因為遍一切處的關係，所以是一切法；所以可以說一切法即真如，真如即一切法。真如也就是如如不二的意思，離念就是息念，息念就是離相，離一切相就是沒有對立相，乃至於沒有對立者，無對立故，一即一切、一切即一，所以是「不二」。

當我們在聽寂靜的時候，就是在練習離一切的念，可以離開一切念，當然也就拋開種種妄念，漸次地因為聽寂靜的關係，而離妄成真。聽寂靜就是這樣的禪修法門，如果我們這樣做，一定可以成為真如，一定可以進入實相；真如就是實相，實相就是無相。

假使人的心念常常歪七扭八、分來岔去，像雜草一般蔓生枝節，那就不是真如，不能契入佛法。實相無相，才能夠進入涅槃妙心，才能夠離一切苦、除一切厄；觀照諸法如幻如化，不住一切如幻如化，不貪著諸如幻如化，便能離念成真，當真心遍滿一切處，就能夠達到真理、實性的境界。

平安禪使生活柔順

當平時在生活上遇到看不順眼的事，或者是受到別人的言語刺激，就很容易生氣，平安禪的修學方法，是可以對治三毒，讓生活柔順的。

我們在修平安禪的時候，心念專注在聽寂靜之聲、寂靜之靜，所謂的寂靜就是一切不生，一切聲音不生，所聽即是無聲；無聲就是無念，無念就是無住，無住就是本來面貌。我們之所以會覺得人事物不順眼、不順心，都是因為我們的心隨境轉，隨著對於外在人事物的那份執著而旋繞往復；所有不順眼不順心的一切，皆因我們的心念牽掛在不順的因緣上，有念就是執著，由於執著，所以罣礙；這些執著就是貪、瞋、癡、慢、疑。一顆執著的心，會因而隨著貪、瞋、癡、慢、疑而產生種種的「有」。當這個「有」起來時，我們就開始亂，心念不純；進而生出種種雜想妄想。而這些雜亂妄想，會環扣著其它人的心念，每個人的心念帶動我們的心念；我們的心念又帶動更多人的心念，諸多妄念彼此牽扯糾纏流轉無窮，就會變成一個流動性的業力跟循環，於是就有生死、煩惱以及彼此間的往來。這一整個意識的網路，就變成生命的一種互動結構，生生死死盡在其中。

我們要如何讓離開這個結構？如何進一步地解縛這個結構？答案是「離一切相」。因為離一切相，則離一切念；離一切念乃是進入真如的法門。所以我們如何對治生活中的障礙，就是要寂滅生活裡面的一切好壞、是非、善惡。讓我們回想一下修習平安禪的經驗，聽寂靜時聽其無聲，推廣到生活中的種種不順，你就安安靜靜地聽聽看那些討厭的、看不順眼的事，聽這些事的寂靜聲音，聽它們的寂靜；不帶任何貪著心、瞋恨心、愚癡心的聽它，靜靜地聽，聽寂靜。你會發現，當別人使我們生氣，而我們專心地聽那令人生氣的結，聽其寂靜，然後這些是非和氣憤也就會變成寂靜了。眾惡無喧，心靈平靜，生活也就越來越柔順。

把我們的罣礙、想法放下，靜靜地聽、安靜地聽。這個身體就像泡沫一樣，不斷地生、不斷地滅，今生的身體就是一個泡沫，所以我們不要執著這個身體短暫的存在。當我們打坐的時候呢，要放下這個執著，不隨著身體的變化起心動念。一切都是寂靜，有聲無聲都是寂靜，好的壞的都是寂靜，一切的成敗都是寂靜，一切的消長都是寂靜的。讓我們攝心在沒有煩惱的地方，觀照一切的煩惱的這種不可得。我們越觀照心就越輕鬆、越觀照心就越舒適；我們要靜靜的觀看，攝心在觀無常裡面、觀寂靜裡面，那麼就會很輕鬆、很愉快。

頂戴佛的使命，行走願力之梯

學佛的人不能懈怠、懶惰，
要把眾生視為自己的孩子，
像母親一般撫育他們，這就是慈悲。

福氣從何而來？從服務、奉獻而來。

譬如，為往生者助念就是一種服務。一般人看到往生者心裡總會感到害怕，然而，當我們在為陌生的往生者助念時，不論亡者的遺容如何，都要做好臨終關懷與服務，這即是結善緣。人在往生之時的觀念非常重要，如果能夠秉持正念，就會投生到好的地方去，反之，就可能會墮入三惡道。因此，為往生者助念的功德是不可思議的。

此外，我們也可以關心地方上的弱勢團體、與政府合作社會公益活動或者從事急難救助，宗教團體就像母親一般，不斷地為社會大眾付出、關心與服務。

我們之所以學佛，除了尋求自身的解脫之外，更是為了學習關心與服務。福報來自於關心與服務，人們打從一出生開始，就需要他人的關心，並且不斷接受他人的服務。缺乏關心與服務的生命容易失去價值與意義，因此，大家學佛的首要目的，就是要彼此關心、發願，成就人生、圓滿佛道。

佛法——生命的服務所

就一位佛教徒的觀點，若要追求幸福快樂的人生，就是要學佛。人生中有許多不圓滿，然而，當我們透過思想的轉換，將種種不圓滿轉換成圓滿，心中便會常感如意。

佛教道場是一處生命的服務所，我們以道場作為關懷的根本，將關懷照射至十方，使大眾都能夠理解珍惜生命、奉獻生命的重要性，進而為他人創造更好的生命，這就是學佛的基本態度之一。

人與人之間的關係可以用「彼此的靈性訪客」來加以形容。累劫以來的因緣串起人們彼此之間的生命網絡，每一個此生結下的緣，在來世都有可能會成為我們的父母、兄弟、姊妹。

我們有幸身而為人，要珍惜這難得的人身。以三惡道中的餓鬼、地獄兩道眾生為例，他們無法修習善法，因此總是泅泳於惡海當中，而在六道眾生之中，唯有人道眾生得以擁有學習佛法的動機和機會。我們難得擁有人身，而這個身體可以行善也可以為惡，如果我們善用這個身體，便可以造福；相反的，若我們不好好使用身體這個工具，就可能造下許多惡業，痛苦也將隨之而來。因此，我們要善用活著的每一日，在生命的銀行中儲存福氣、善法、布施及一切善緣。

善不斷，惡不生

人與人之間的每個互動，不論粗細，終究會儲存在記憶中，而記憶本身就是一種「存」的狀態，因此，生命中所遭遇的每個人都是一畝畝福田，我們可以在這些福田上播撒善的種子。「名聞利養、財權名利」雖是世間法，但若不行布施、不結好緣、不做善事，這些世間的福報並不會自己從天而降。

譬如你此生的孩子、父母和伴侶，統統都是過去的緣在今世成熟、聚合的，因此，孩子孝順與否、此生會擁有多少財富……等，都取決於過去生所累積的因緣。佛法教導眾生「善不斷、惡不生」，我們要如實地去實行這個教誨，做到生命服務生命、生命奉獻生命的目標，福氣自然就會跟著來。

以地藏王菩薩的願力為梯

面對一個資訊及交通四通八達、無國界的全球化浪潮，人們若要保持內心的平和，就必須從禪修開始做起。禪修使我們去除許多舊有的習氣、淨化業氣，並達到安定身心、內在和平的效果。然而，不只我們的內心需要愛與和平，更要推己及人的將內在的愛與和平傳送出去，讓社會也充滿愛與和平。

有些人未學習佛法，因為錯誤的觀念而不斷製造與他人之間的恩怨，導致冤冤相報、糾纏不清，彼此都感到十分痛苦。而一旦學習了佛法，有了正知正見並加以實踐，就能夠斷除過去的習氣，自利利他。

學佛者第一個要學的就是發菩提心，其次是發願成佛，自覺覺他。因此，學佛的人不能懈怠、懶惰，要把眾生視為自己的孩子，像母親一般撫育他們，這就是慈悲。學佛者應該將慈悲與願力視為生活加以實踐。

從學佛至今，我總是非常忙碌，而我的忙碌則是來自於感恩，感恩佛陀的無上佛法，若非有佛法，我的內心將無法如現今這般快樂，也將無法自生、老、病、死中超脫。而報答佛陀的方式只有一個——承先啟後，將佛的法教傳承下去，希望每個人都能學習佛法，並因而得到解脫及快樂。我頂戴著佛的使命，因此不能懈怠，再辛苦再忙碌都得持續下去。

想想地藏王菩薩的願力——地獄不空，誓不成佛。如果連地獄眾生都度得了，我們活在人間的人還有什麼好怕的呢？身處五濁惡世，不論面對何種環境變化，生活過得再苦，我們都要效法地藏王菩薩的願力，頂戴釋迦佛的使命，以地藏王菩薩的願力為梯，努力學習並實踐佛法。

第三味 華嚴禪

華嚴世界，
是一個彼此造福的世界；
每一個眾生，
都是華嚴世界最重要的種子。

浪起、浪止，不離空性海

大海中的浪花不停來來去去、生生滅滅，
浪花起來的時候名為生命，
浪花回到水裡面的時候名為大海。

空性如同大海，生命如同浪花。什麼叫作「同體」？如果用大海來比喻，我們的生命就如同浪花，而不同的生命就如同大海中許許多多、形形色色的浪花。世界上凡是有生命的一切，都如同浪花一樣生起又消滅。可是浪花是從哪裡出生的呢？是從大海所出生的。如同大海與浪花一樣，一切眾生都是從虛空、空性裡面所長出來的形體浪花，所以我們的生命共同體就是「空性」。每一個人生命的共同源頭就是空性。

空性就如同大海。大海中的浪花不停來來去去、生生滅滅，浪花起來的時候名為生命，浪花回到水裡面的時候名為大海。每一個人的生命，不停的成長壞滅，最後回到「空性」的時候，這才是回到我們的生命共同體。

每一個人都離不開自己所身處的空間，我們都是由同一空間、同一「空性」所長出來的不同種子。就像大地一樣，大地中的土壤都是同質性的，可是土壤中的種子卻長出了不同的樹木花草，生養了大地萬物，而當大地萬物滅失的時候，就再度回歸土壤。如同萬物的根源來自大地，空性就是我們的生命共同體。

法界同體大悲觀

什麼叫作同體大悲？譬如觀世音菩薩是覺悟者、得道者、大慈悲者，由於祂已經親見了法界實相，親見了「法界一切眾生是空性生命共同體」的現量實相，並且安住於空性生命共同體的覺悟心之中，因此當眾生有苦難、有災殃或有任何苦惱的時候，祂都感受得到。雖然眾生是眾生、菩薩是菩薩，但是在菩薩的眼中看來，你就是我，我就是你。所以說，一旦我們能安住於空性來看待眾生時，他人的痛苦，就是自己的痛苦，而他人的煩惱，就是自己的煩惱。

在法界實相生命共同體之中，「你」跟「我」之間只有形體的間隔，我們的內在並不會因為形體的差異而產生隔閡，只因為有了形體，才有了你我的分別。可是我們要了解，你我本來就是一體的，表面上看來，我們所佔據的空間，是由你我的肉身來區別、切割的，但實際上，空間它仍然是自成一體的。所以一即是一切，一切即是一。人必須「無我」才會回到整體，如果有「我」，就會執著於無常變化之中，而無常變化是短暫的，所以我們必須要像觀音菩薩一樣慈悲一切眾生。

為什麼諸佛會生起如此的大悲心，會想救度眾生脫離苦痛煩惱呢？這是因為眾生都來自於同一個母親，而我們共同的母親就是空性。此處之所以將空性比喻為母親，是因為當我們回到母親的懷抱中，就不會再流浪於生死、苦惱之中。

菩薩觀照眾生，發現眾生因為尚未證悟空性而無法回到空性法身，無法回到生命的本源。由於眾生在輪迴中永劫受苦而無法脫離，所以菩薩就起了大慈悲心，就像媽媽看到小孩子受苦，想要趕快救他們出來一樣，因此對眾生施以無量的救度。至於眾生要以何種方法才能夠回到自己的本源、離苦得樂？如果我們任由現在的妄想持續下去，不去思維佛法，不以佛法將思想導向正念，便會一直輪迴痛苦下去；反之，如果回歸到佛性，生命就不會起這麼多變化，不會繼續惡性循環下去。

所以我們要以生命的良性循環，回饋給「空性之母」。當我們找回自性之後，要把自性的智慧，回饋給由同一體性所出生的所有眾生，畢竟我們都是從佛性中出生的，並沒有你我之分。每個人都有佛性，佛性就是我們最原始的本性，如果我們可以回到原始的本性，將不再輪迴、不再受苦。

佛陀領悟了本初佛性的大智慧，安住於同體大悲上，並且以救苦救難、慈悲喜捨的心觀照眾生。所以，佛陀宣說佛法，希望眾生看到光明、日月、明光、看到回家的路與本來面目。而我們的本來面目就是空性，唯有回到本來面目，我們才不會輪迴生死、流浪生死。

一即一切、一切即一

華嚴世界代表整體，是一種普門的示現（編按：指佛菩薩神通自在，示現種種身，開無量法門，使眾生得證圓通。出自《佛學大辭典》「普門示現」之解釋）。每一個眾生都是不一樣的，都具有不同的記憶，可是所有眾生又都是從同一空性中所出生的，這就是「一即一切、一切即一」的意思。「一」就是空性，從空性中所出生的任何記憶體（**編按：此處所指的記憶體即是生命的意思。**）都是「一」

所化現出來的。

以人的身體為例，假設將整個身體視為「一」，那麼，組成身體的眼睛、鼻子、耳朵、手……等，就好比是世界上各種不同的生命型態。假設華嚴世界代表的是一個人的全身，而這個身體上的耳朵、眼睛、鼻子等皆具有各自的功能，並且各司其職，這個身體具足人體的所有功能，即是「一」。總之，華嚴世界就是總集一切而歸於「一」。

華嚴世界是法身毘盧遮那佛，毘盧遮那佛就是整體——有相無相的整體、有形無形的整體。華嚴世界的三種佛身分別是法身毘盧遮那佛、報身盧遮那佛、化身釋迦牟尼佛。這三種佛身，可以分別化顯，也可以合為一體。

以空性與物質的向度來說，法身是空性的佛身；報身是空性與物質合一的佛身；化身是物質的佛身。以時間與空間的向度來說，法身佛表示空間的存在；報身盧遮那佛表示時間跟空間同時存在；化身則是時間的存在。以精神與物質的向度來說，精神的存在叫作毘盧遮那佛；報身盧遮那佛就是精神與物質同時存在；化身則是物質的存在。

以前當我在山洞裡閉關修行時，其實也可以選擇一直待在山洞裡獨修而非出來利益眾生，可是當我想到一個出家人為什麼只能蹲在山洞裡面，而不出來利益眾生時，發現獨修和利他之間好像有很大的衝突。繼之我想，在山洞裡的我跟出來的我不是同一個我嗎？二者之間的差別只在於：在山洞中的我比較容易攝心，出來之後就不容易攝心了。因此，重點在於我在山洞中修行期間的攝心功夫，是否能在工作、生活中來實踐？我後來發現到，這是可以做到的。

同樣的道理可以用來解釋華嚴世界：華嚴世界就是「一」，「一」就是攝心，「一切」則是發心；因此，發心就是攝心，攝心就是發心。一即一切，一切即一。所以大家不要認為工作與佛法是兩件不同的事情，其實工作就是攝心觀照，觀照就是攝心工作。

一塵中，見華嚴法界

華嚴世界，是一個彼此造福的世界。
每一個眾生，都是華嚴世界中最重要的壇城主尊，
都是華嚴世界最重要的種子。

什麼是華嚴世界？《華嚴經》說：「華藏世界所有塵，一一塵中見法界。」如經所說，我們的世界就是一個智慧的世界，其中所呈現的一切，都互相依存。在華嚴世界之中，每個眾生、每個因緣，都如同帝釋天主——釋提桓因頭上的摩尼寶珠一般，嚴密地層層互攝，由此排列成就智慧莊嚴的世界。在此世界之中，無處不是佛，無處不

是聖人。

華嚴世界，是一個彼此造福的世界。每一個眾生，都是華嚴世界中最重要的壇城主尊，都是華嚴世界最重要的種子。如果沒有其他眾生的協助，也就是說一旦缺乏任何一顆種子，我們就不可能成佛，所以每個人都是華嚴世界中最重要的角色。

華嚴淨土融攝十方佛國

全宇宙法界，就是華嚴世界，這是一個包容萬有的廣大佛國。在此佛國裡面，有無量無邊的十方諸佛的國土，佛國之中還有佛國。我們的娑婆世界，是釋迦牟尼佛的教化之處。在此世界之中，山神、土地神、閻羅王以及諸天神地祇，都是娑婆世界中各區域的管理者。娑婆世界是由釋迦佛的願力所形成，並不是憑空產生的。這是佛陀為了教化眾生，所演化變現的世界。

華嚴世界又稱為「十方佛國」，華嚴世界就是法界一切佛國的總集，是無量無邊，無有邊際的。法界的佛國單位，是以「佛陀世界主」來計算的。六道眾生在未發起菩提心之前，是沒有能力創造佛國淨土的。佛陀因為知道成佛之道，在緣起發心的時候所行正確，所以在初發心之時，就開始創造十方世界。

《佛說阿彌陀經》中說道，東方世界有無量諸佛，西方世界有無量諸佛，南方世界有無量諸佛，上下虛空有無量諸佛，十方世界都有無量無邊、不可思、不可數的佛陀世界主。而菩薩一旦成佛，自然成就佛陀的淨土。佛淨土是怎麼成功建設圓滿的呢？這就如同世間法的成功法則一樣，一般人若希望事業成功、家庭幸福，就必須以智慧加以經營。

佛陀以大願力來建立自己的淨土，佛的世界都是從本願力來的。就如同阿彌陀佛所發的四十八願，在經過三大阿僧祇劫的菩薩行之後，圓滿成就了極樂世界。藥師如來發了十二大願，由此圓滿了藥師琉璃世界。吾師釋迦佛發了五百大願，因此成就了娑婆世界。

三世諸佛，皆圓滿成就自身的淨土世界。每一佛世界，皆包含了三千大千世界，如同聖者文殊菩薩發願，希望自己以後的國土是遍及法界的，所以文殊菩薩的本願，就是要把法界化為文殊淨土。

聖者觀音菩薩，過去久遠劫時早已成佛，佛號「正法明如來」。正法明如來發了十二大願，而形成了祂的佛國。然而此佛國已然寂滅——「生滅滅已，寂滅為樂」，所以觀音菩薩現在在極樂世界應化。

佛國是由願力所形成的。願力的形成乃是緣起性，因此具有時間性，具足成住壞空。每一個人的生命是有時間性的，每一個佛國也具有時間性，不過，由於極樂淨土存在於法界的時間非常長，因此是全宇宙的佛國裡面最美好、最精緻、最殊勝的地方。

華嚴世界乃是六大所成

在佛教來說，所謂的創世紀，就是淨土的創造、世界的創造。每一個世界，本來就具足六種元素，它們分別是「地、水、火、風、空、識」，其中的「識大」就是我們的心意識。六大元素充滿了虛空，是存在遍一切處的。法界之中，沒有任何一個地方不由此六大元素所組成，而這六大元素，在因緣具足時，經由心意識的作用產生動力，而形成一個能量體，小至我們的身體，大至星球，甚至整個宇宙，都是這些元素生滅無常的組合。

生命也是由六大元素因緣和合而成。六大元素中的「識大」，是我們的生命中心，它的功能是生命總管理，而六大元素是互相依存，缺一不可的。水大的體液流動如果枯竭，生命就會死亡；火大的體溫熱能如果熄滅，生命就會死亡；地大的身體組織結構如果分解，生命會死亡；風大的呼吸如果停止，生命也會死亡；而如果沒有識大的話，這個身體也只是一個空殼罷了，所以六大元素是互相依存的。

「識大」就是種子，也就是我們的記憶體。每一個人都有記憶體，生生世世所有一切人、事、關係等都儲存在裡面，並且每生每世的生命紀錄都不一樣，每一世我們都重新開啟一個新的生命紀錄檔案。

人體世界是華嚴世界的一種型態

以我們的身體為例，我們的身體是由因緣以及意識結合而成。我們以我們自己的意識心、思維心，勾召聚合了許多的因緣，在這些因緣聚合之後，產生了一股動力、一股能量，由此形成了一種能量組合。

所以我們的身體其實是由自心勾結諸緣所形成的。我們身體中的每一個細胞都是一個生命，每一個細胞生命都可以複製成為人，所以我們的身體是由靈識所化現的，而身體，就是一個小宇宙，就是一個星系，每一個細胞，則如同星系裡面的星球。

人體的整體組合，就是一個世界，這是華嚴世界的一種型態。人體的世界跟整個宇宙的世界其實是同體無二的，如果說人體是一個小宇宙，法界即是一個大宇宙。華嚴的人體世界，就是由每一個細胞跟細胞環環相扣所形成的獨立生命個體，因此華嚴世界是異中有同，同中有異的。

因此要獲得人身，就是要結善緣，如果沒有結善緣，就沒辦法創造身體。我們的生命是由靈性跟身體裡面的細胞共同組成的，每一個細胞都是靈性的存在，每一個細胞也都是生命。我們創造這個身體，就是因為結了很多的善緣，這些細胞才會和我們在一起，變成身體的一部份，須知每一個細胞都是福德因緣所創造的。

六道之中的地獄和餓鬼道眾生，是肉眼所看不到的無形眾生，特別是餓鬼道，一般人常說某人窮得像鬼一樣，就是在形容餓鬼道眾生沒有肉身，也沒有固定的住所。一縷幽魂只能東躲西藏的，若不是躲在樹底、樹根下，就是躲在比較陰暗的地方，只要看到可以依偎、依靠的地方就依附上去，這就是餓鬼道眾生的狀況，這是因為這些眾生有意識但是沒有身體。

所以說，我們要累積善緣福德，才能獲得珍貴的身體，要結好緣，才會聚集成人身，我們去投胎的時候才會因緣和合成為一個身體。如果不做善行，無法形成人身，就是善業不具足。

願力，成就佛淨土

如果我們對他人、對一切眾生做了利他的菩薩行，
就能夠把個人利己的業力轉為整體的善業，
就會形成極為巨大的能量。

整個十方世界是由不同的大聖者所創造的，至於這些聖者是如何去勾集因緣，進而創造出一個世界呢？就是透過利他的心。

諸佛菩薩在祂們每一期的生命之中，都在行使利他的事業。當利他的行為與真理結合之時，就是慈悲跟智慧的顯現。智慧能夠清靜一切的恩怨因緣，掃蕩內心的

一切妄念煩惱，使自心成為遠離垢染的心。慈悲則是以服務和關懷的心，來利益一切眾生。

佛陀所發的願力，就是要以生生世世的生命讓法界一切眾生都能夠成佛。而修道的菩薩，則會因願力而形成一個「場」，並且以利他的菩薩行，利益法界一切的生命，由此一直不斷的勾集正面能量。如此多生多劫下來，利他的能量場就會變得非常廣大。而當每一個眾生都被菩薩感化成為慈悲、智慧之力的時候，就會形成一種動力，這種動力就會形成星系。

尚未發起菩提心的六道眾生，是沒有辦法累積這種創造淨土的力量的，這是因為六道眾生的心願、力量不夠大。六道眾生只能以自己的心力聚合因緣，形成自己的身體。所謂的心力，也就是業力，而心的造作，形成了緣。也就是說心所結的緣形成了每個眾生自己的身體結構。

表面上看來，我們似乎是自己身體的主宰及主人，其實連一個細胞都管理不了。我們沒有辦法做細胞的主人；細胞也沒有辦法做我們的主人。我們與細胞之間只具有合作關係。我們是總公司、細胞們都是利潤中心。

佛教的創世紀，其實是在說成佛的道理。成佛是為了要利益無量的眾生，使法界每一個眾生都能夠具足大智慧跟大慈悲。唯有將這樣的力量集合起來，才會具足創世紀的能量。

願力成就淨土

要創造一座淨土，需要以願力來成就。有願力，才能成就淨土。當我們發起「願一切眾生都能夠成佛」的心願之時，就會持續不斷的實踐利他的菩薩行。而當我們實踐菩薩行的時候，就會形成一股極為巨大的力量，這股力量就是生命，當這種生命的力量集合起來，就會變成一個國度。簡單的說，我們平常的發心及所做所為經常都是為了自己，一旦我們的心念都是為了別人，為了利益眾生，就會創造一個美好的國度。

業力來自於我們跟人群的互動關係，也就是說，我們與任何人的互動都會產生業力。如果我們對他人、對一切眾生做了利他的菩薩行，就能夠把個人利己的業力轉為整體的善業，就會形成極為巨大的能量。

颱風是怎麼形成的？剛開始的時候，它只是一個小小的氣旋，在不斷的旋轉當中蓄積能量，越旋越大，於是就從小小的轉動變成大型的轉動。

人與世界也是一種旋動，就像氣流般不停的旋轉擴大，這就是業力。宇宙的形成是氣流所造成，這種氣流就是業力，當業力加上願力，就會變成創世紀的力量。

諸佛菩薩引導每一個眾生，慢慢從初發心進入菩薩五十二道階，最後進入法身不滅的究竟證悟。當佛菩薩完成三大阿僧祇劫的利他度生事業之後，淨土就圓滿了。

沒有佛的願力、沒有菩提心，這個世界是空無一物的，連一隻螞蟻都沒有。因為有了佛菩薩的願力，使每一個人生出了菩提心，所以十方世界、十方佛國才會顯現。至於為什麼佛菩薩會如此堅持利他之道呢？這是因為唯有每一個眾生都成佛，才能顯現華嚴世界。

宇宙創生的道理，就是要人們發起成佛的心。成佛的心就是覺悟的心，而堅持「我要成佛、要覺悟」則是覺悟的菩提心。

一般眾生的業力，只能造就自己的身體、眷屬，最多再加上國土，如果連國土都沒辦法造就的時候，就只能造就身體的果報而已。一個人要當上一名主管或一國之尊，一定得造就很多善緣，才有辦法做一個團體的領導人。要不然誰會甘心為你賣命、為你做事？

連身為一個團體的領導人都需要如此多的善緣，更何況是成為佛陀？佛陀是以生生世世、累生累劫的利他善緣集合而成的生命系統。佛陀從初發菩提心開始，慢慢累生累劫的累積資源，到最後成就佛國淨土，在淨土中教化眾生，讓眾生成佛。形成如此廣大佛淨土的因就是菩提心，如果不發起菩提心，是無法成就佛淨土的。

因此，學佛者最重要的就是生起菩提心，發下成佛的願。如此發心，能夠讓諸佛歡喜，因為你終於要開始走上成就無量眾生、幫助無量眾生、成就正覺的因的菩薩道了。所以學佛不是為了自我，而是為了整體的正知正覺。

生命幻有，唯佛心永恆

尊重每一個個人，尊重每一個種族的生活方式；
也包容人跟人的之間差異性。這就是法界寬廣的生活實踐。

佛法有八萬四千法門，但是佛法的根本心要非常簡單，有三個要點。

第一，就是生命乃是不生不滅的。每個眾生，都屬於這不生不滅的生命。這不生不滅的生命就是我們的歸宿。

第二，就是圓融無礙的智慧。智慧讓我們凡事沒有障礙。因為圓融無礙，就沒有障礙；不能圓融無礙，就是障礙。沒有障礙就叫作智慧，有障礙就不能稱之為智慧。

第三，就是大悲。佛心中念茲在茲的，無非就是一切眾生。佛的慈悲就是關心眾生，因此，只要我們關心眾生，就能夠俱足佛喜。生命是一種幻有，很快就消逝了，而不生不滅的生命，其實是在生滅與不生滅之中都存在的。當你看到這樣的實相，就不會對生命起任何慾望，這是法界本有的實相。誓願成佛的悲心願力，就是一種慈悲，而慈悲就是佛的「用大」——就是體相用三大中的用大。

佛法其實是在教導我們如何處理宇宙萬法中的事事物物。如同《華嚴經》中所說的：理無礙，事無礙，理事無礙，事事無礙。佛法，教導我們如何讓理念沒有障礙，然後對事相沒有障礙，當理念跟事相都沒有矛盾、沒有障礙的時候，對於每一件事情自然就都無有障礙了。所以佛陀的教法就是圓融無礙。

華嚴世界是智慧的世界，是不生不滅的世界，是無障礙的世界，也是大慈大悲的世界，而這就是我們所要證悟的佛世界。在華嚴世界中，每一尊佛都是法界全體，每一個個體都在法界全體之中，法界全體又在每一個個體之中，一即一切，一切即一。法界的空間無有限量、重重無盡，佛與佛之間，既是重疊在一起，卻又是彼此無礙的。

法界實相，無邊寬廣

我們的心就像宇宙一樣大，心即是宇宙。如果能夠理解自己的心，就可以了解宇宙有多大，也能夠明瞭宇宙的一切。所以學佛就是學心，了解自己的心，就了解了宇宙。

覺悟以及迷惑，就如同初生的小貓小狗開眼一樣，在牠們眼睛還沒打開之前就好比是迷惑的狀態，眼睛睜開以後就好比是覺悟的狀態。我們學佛以後，心眼便會打開。因此世界就會更為寬廣、就會懂得包容。

在尚未開悟之前，我們的注意力就只停留在自己、家庭或自己的族群上面，而沒有辦法擴大到世界、宇宙或華嚴世界。因為在未開悟之前，我們沒有辦法想像法界實相，一旦開悟以後，整個法界就開展在我們面前，此時我們才能明瞭整個法界是何等的寬廣。

什麼叫作寬廣？就是能夠尊重、包容、博愛，要這樣才能夠寬廣。我們把「尊重、包容、博愛」的原則，實踐在生活當中，尊重每一個個人，尊重每一個種族的生活方式；也包容人跟人的之間差異性，這就是法界寬廣的生活實踐。

智慧，莊嚴宇宙壇城

在華嚴世界中，一切都是智慧、都是種子，也都是平等的，一切智慧的呈現都是環環相扣的。

什麼叫作華嚴世界？「華」就是智慧的意思，「嚴」則是嚴飾，也就是排列組合、裝飾的意思。而華嚴世界，就是以智慧來裝飾排列的世界。

每一個人的意識、記憶體，都是華嚴世界中的一朵花；而法界一切眾生集合在一起，成就了華嚴世界，這是一個很美好的智慧世界。我們的世界本來是一個智慧的世界，並不是一個苦惱、罪惡、混亂的世界。這個世界當中有無限的變化，再從無限的變化裡產生智慧、知識，最後形成美好的排列組合。我們的世界真的是很美好的佛世界。

人的生命變化只是一種質能互變的作用，生、老、病、死並不是真實發生的，這些現象只是物質界的變化，而人的精神是永遠青春美麗並且不會老去凋謝的。然而，因為一般人只注意到生、老、病、死的變化，並沒有在生滅與生死之中看見美好的靈性，以至於將現象誤以為真。靈性是不凋謝的，存在於「無時空的時空」當中，靈性既不是過去，也不是未來，靈性是當下的呈現。所以在我們的生命中，過去也是當下，未來也是當下。

只要大家的「心」是美好的，這個世界就會很美好，相反的，如果大家的心並不美好，又如何奢求這個世界能有美好的呈現？當我們覺得這個世界不美好時，就要學習佛法，透過佛法了解華嚴世界，並且欣然接受這個世界的實相——智慧的華嚴世界。

智慧世界就是資訊世界，此處指的資訊是「法界的生命資訊」，人們如果不了解法界的生命資訊，就無法了解華嚴世界，也就無法圓滿覺悟的智慧。有眾生才有智慧，每一個眾生就是佛陀的資訊網絡。

法界中的每一種現象都是種子，而能夠將所有「現象種子」串聯在一起的就是體性。所有現象的體性是一如的，當體性顯現「知」的面貌時，就是智慧大網絡。

華嚴世界是唯識的世界

宇宙是一個大的記憶倉庫，每一個人是一個小的記憶倉庫。小倉庫儲存了我們生生世世的生命紀錄，而我們的生命紀錄又儲存在別人的生命紀錄裏，所以我們每個人的記憶中都儲存著彼此的生命種子。

什麼是生命種子呢？就是記憶體。我們的記憶體是彼此串聯在一起、環扣在一起，也彼此糾纏在一起的，進而形成一種網路型態的記憶結構體。

宇宙是靈識的世界，也是意識的世界。只要有緣，便會應緣而生，一旦種下什麼樣的種子，就生出什麼樣的生命，所以我們的靈識是遍滿虛空、無所不在的，只要因緣成熟，便應緣出生。

華嚴世界中的一個層次，就是唯識世界。唯識的世界是重重互入、相互關聯的網路型態靈識。在唯識世界中，每一個人都與其他眾生，有著無盡而重重疊疊的關係，這就是心識與心識之間「重重無盡」、「彼此含藏」的關係，也就是法界網路的靈識狀態。

「唯心所造，唯識所顯」的唯識世界，就是彌勒菩薩的世界，而彌勒菩薩的重重樓閣，就是「識大」，也就是全體法界生命的共同結構體，而這共同結構體就是法界資訊網絡。我們之所以學佛，就是要了解這個法界資訊網絡，其中每一個生命網站都是最重要的，這就是「一花一世界，一葉一如來」，也就是說，即使是一株花草或一片樹葉，與世界、如來都是一如的。

華嚴世界是一切眾生的生命共同體

佛法就是在宣說宇宙生命的道理。宇宙是我們的生活圈，所謂的生活圈指的不只是地球，不只是你、我、他，而是法界全體——整個宇宙是一個息息相關的整體。

華嚴世界就是法界記憶體，每一個生命又是華嚴世界中的一個小記憶體，在華嚴世界之中，所有生命的記憶體彼此縱橫連結在一起，彼此互為關係、互為因果，誰也離不開誰，誰也沒辦法離開這個法界資料庫。所以一旦傷害其他生命，就是傷害整個同體；而一旦救度其他眾生，就是救度一切眾生，所以佛法說「一念之間遍法界」。在此世界之中，每個人、全世界、全宇宙都是以網路型態而存在的生命結構體，眾生因此互為父母、兄弟姊妹與朋友。

在華嚴世界中，一切都是智慧、都是種子，也都是平等的，一切智慧的呈現都是環環相扣的。華嚴世界不分國界、不分宗教、不分種族，因為大家都是生命共同體。在一個生命共同體之中，每個人會呈現不同的業力，而不同的業力則來自於不同的生活習慣。我們在不同的習慣中會產生不同的想法，因此成為不同的生命，所以生命的差別性其實只在於習慣不一樣而已，生命本質並沒有任何差別，所以一切眾生是平等的。

希望一切眾生都能夠得到安樂，希望一切眾生都能夠遠離痛苦，希望一切眾生常與安樂不分離，希望一切眾生能夠沒有差別、平等性地活得快樂，也希望眾生遠離種種比較差別，遠離種種因為差別而生的對立，遠離因對立而生的打擊跟傷害。

華嚴世界，靈識旋回

善的緣起，就是以正知見面對每一個自心所起的念頭，以及與他者接觸的緣，如果沒有正知、正念，生命就會管理不善，未來的生命型態就無法掌握了。

什麼是種子？

成佛之後所呈現的世界就是華嚴世界，而華嚴世界，就是種子的世界。種子與種子之間互為因果，既是因，也是果，在華嚴世界中，每一個種子都是平等而無有差別的。華嚴世界是沒有差別的世界，一花一世界、一葉一如來。在此世界中，每一個眾生都是一個世界，每一個眾生的心是一個世界，每一個細胞也是一個世界，華嚴世界既展現出生命的差別性，又展現出生命共同體。

所謂的種子，就是我們的生命記憶體。比如說，樹有樹的記憶體、草有草的記憶體。記憶體充滿法界時空之中，在法界裡，沒有一個地方是沒有靈識記憶體的。

生命必須具有記憶體才算是生命，而記憶體則是相續不斷的——現在的記憶體是過去生命的累積，就如同植物以種子傳遞生命一般，生生相續。有記憶就有生命，過去、現在、未來，都是一種記憶，而佛教所說的輪迴，就是記憶的輪迴。

生命是一種心識，心識是一種記憶。心識，如同倉庫，也就是佛法所說的「八識田」——阿賴耶識。八識田是輪迴記憶的儲藏室，每一個人都有八識田，當中儲藏著個人的生命檔案，當每一生的因緣成熟時，就會應緣而出生為不同的生命。

整個宇宙就是一種靈性的力量，靈性像土壤一樣，當我們種下某種種子，只要因緣和合，植物就生長起來了。只要在宇宙靈性當中種下我們的意識，靈性就會把這些意識儲存起來，並形成新的生命。

生命的互動關係是輪迴的基礎。一個人出生之後的生命型態究竟是好是壞，端看我們累劫以來的意識與其他生命的互動關係。過去曾發生過的不好的生命互動關係，造就了不好的生命型態；而好的生命互動關係，造就了好的生命型態，因此並沒有任何一個生命體能夠決定自己將來的生命型態。

宇宙心識，就是一切眾生投生的地方。在此之中，每一個生命都是環扣在一起的，並沒有哪一個生命是完全獨立的。譬如：我的記憶在你的記憶當中，而你的記憶也在我的記憶裡面。

所有生命的記憶體是彼此串聯、彼此嵌入、互相環扣的。所以每一個眾生的記憶體，都是我們的生命土壤，都是我們未來出生的緣。如果你在眾生的記憶體中種下的是善緣，自然會得到自身生命的善果。如果種下的是惡緣，惡果也會顯現在自身的生命之中。

在這個宇宙的空間中充滿了生命記憶體，記憶體會形成各種不同的生命。跟人有關的記憶體，形成了人類；跟螞蟻有關的記憶體，形成了螞蟻；跟牛有關的記憶體，形成了牛；跟蝴蝶有關的記憶體，形成了蝴蝶，一旦我們的生命記憶體和何種生命型態有關，就會化現出何種生命型態。因為遍一切虛空都有靈識，「識大」碰到了有空氣的地方，只要有任何的生命型態與「識大」的欲望產生交集，馬上就化出那種生命型態。

要成為人類，需要累積很多「人道因緣」。必須要明是非、明善惡、守五戒——不殺生、不偷盜、不邪淫、不妄語、不喝酒，才能成為人類，而如果進一步守十善，就能成為天人，所以我們的生命型態和生命記憶體有關。

每一個種子都是佛

華嚴世界就是種子的世界。每一個種子都是佛，都可以成為空性元素，空性也可以成為一切的元素。

每個人在華嚴世界都是智慧的種子，所以大家不要妄自菲薄，以為自己是可憐的煩惱眾生。我們不是可憐的煩惱眾生，只要我們具足慈悲心，就是佛的化身；如果能夠認識真如而不迷惑，那麼就是佛的報身；如果懂得佛的本體空性，就是無死的法身。

我們每個人的本初都是佛，但是在出生以後，由於心和環境糾纏在一起，因此產生了迷惑，忘記了清靜的本心，所以，我們要把清靜的佛心重新找回來。至於要從哪裡開始找起呢？就從菩薩心去找。只要發起了菩薩心，只要善念具足，內心就會開始清淨了。學佛最大的目的，就是找到內在、真實、真正的自己。

種子如幻，亦如泡沫

宇宙整體的生命靈識就像大海，而我們的記憶體就像泡沫一樣從大海中冒出來，當時間到了，能量耗盡時，泡沫就會破滅，然後又從別的地方冒出來。至於什麼是真實的生命呢？大海裡的浪花，就如同我們每一世的生命，而整個大海才是我們真實的生命。我們是從虛空之中生長出來的，萬法都是從虛空中生長出來的，虛空充滿了記憶，所以會生出各種生命。我們的生命息滅在虛空中，然後又從虛空的記憶體中出生，變成生命與物質。我們真實的生命，就掩藏在虛空之中。

我們學佛法、誦佛經，就是要了解到每個人的生命，都是生長在虛空中，而不是生長在有形有相的地方；不是長在泡沫裡，而是在空性裡。學佛法的目的，就是要回到我們的本來面目，才能不生不滅、不垢不淨、不增不減。

我們的想法造就了此生的生命，而每一個想法則是一個個泡沫。每個想法都有好有壞，好的想法，形成好的生命；壞的想法，形成壞的生命，而這些思想的泡沫，再因為彼此的互相環扣激盪出生命的水花、泡沫，進而造成各種生命的變化。

將所有的種子轉化為福德智慧，由此成佛

眾生以記憶體為生命，一旦起了什麼樣的想法，就產生什麼樣的記憶，繼而產生什麼樣的生命。每個人一生所作所為，無非就是在累積記憶，就像農夫春耕、夏長、秋收、冬藏。

小時候的記憶就是春耕；逐漸成長到青壯年時就是夏

長；到秋收時就代表年老了，那個時候記憶就會慢慢地顛倒、不正常；到冬藏的時候則是死亡。死亡之後的記憶種子就會再度埋藏起來，直到來年的春天，生命又開始生長出來。我們的生命從年幼一直到老死都會「存檔」，記憶體會把整個生命存檔下來，蟄伏到未來，再重新開始。

記憶體是我們的生命條件。眾生因為在記憶體中毫無規則地儲蓄好壞善惡等記憶，生命因此起起落落、好好壞壞而沒有規則可循，這是因為記憶體內部的生命記憶亂序的緣故，也是因為沒有學佛的關係。

我們學佛以後，以「諸惡莫作、眾善奉行」作為生命原則，並且開始在自己的生命裡建立起善的記憶、布施的記憶、喜捨的記憶、覺醒的記憶。我們要開始學習管理自己現在的生命以及未來的生命。前世造的因，結成現在的果；現在造的因，結成未來的果，因此，我們要把現在的因轉變成善的、好的，要把自身生命的善緣之路鋪好，遠離是非以及惡業染障。所以，身、口、意要清淨，管控好身三戒之「殺、盜、淫」、口四戒之「妄語、綺語、兩舌、惡口」、意三戒之「貪、瞋、癡」，只要實踐十善業，就可以升天道。

創造良性的生命循環及健康的生命記憶是非常重要的，這就是善的緣起。善的緣起，就是以正知見面對每一個自心所起的念頭以及與他者接觸的緣，如果沒有正知見，生命就會管理不善，未來的生命型態就無法掌握了。

學佛人必須生生世世經營好自己的生命，而不是只在某一生努力經營。我們不僅在今生做好事，來生還要做，生生世世都要做，這就是發菩提心。菩提心一發，就可以由此緣起成佛。所謂緣起成佛，就是發起自利利他的成佛願心，能夠如此，未來一定會成佛。一旦成佛，就能夠圓滿一切種子，將所有的記憶體，轉化為遍智、正覺、福德、智慧。

學佛的人一定要隨時隨地發起正念正見，相信因果，因為因果就是記憶的顯現，每一個記憶都是因，未來則是果。所以我們要時時刻刻發起自利利他的心。自利就是將自己的人格品行修養好，利他則是讓別人如同我們一般離苦得樂，轉惡為善，使他人能夠不創造惡因，不得惡果。未來的生命都要靠記憶體來串連，一旦發心動機不對，緣起就不對，整個生命就會陷入混亂。

禪悅，在心念止息處

我們要回到我們的本來面目之中，
而本來面目即是諸佛所住的地方。

禪在哪裡？禪又要我們回到哪裡去？其實禪是不來不去的，也就是說每一個人的自性、佛性、覺性都是沒有來去的。廣欽老和尚在圓寂的時候說了「不來不去」，去的只是那些妄念、業緣，當攀緣心止息了，心就會回歸到自性而不再隨緣流轉。

我們的心總是不安分，總是隨緣、攀緣，隨著意識與貪、瞋、癡、慢、疑等五毒煩惱流轉輪迴，唯有當我們停止心中那些貪、瞋、癡、慢、疑的活動時，才能夠回歸覺性；唯有不跟隨五毒流轉的時候，才能在當下安住；反之，我們就只能跟業力環扣在一起了。業力是很難掌控的，只要心隨業而動，就會一直輪迴不息，只要我們去除貪、瞋、癡的攀緣，業的輪迴便會止息。如果不息滅貪、瞋、癡，意識就會到處流轉，哪裡有緣就在哪裡出生。此死彼生，此生彼死，如此循環不息。

我們之所以要斷除五毒，是因為唯有如此才能夠遠離輪迴之苦，而禪，能夠使我們的心安住在本有本來的地方。禪是我們自己本有的，也是一切諸佛本有的，它就是「整體性」，簡簡單單的並不複雜，而我們就是整體性，都在禪性裡面。如何讓自己回到禪性裡面？就是要遠離貪、瞋、癡、慢、疑，要從有為法到無為法——所謂無為法就是禪。能生滅變化的一切萬法，都是有為的，唯有離相、不著相的、不隨現象而變化的才能稱之為無為法。

我們要回到我們的本來面目之中，而本來面目即是諸佛所住的地方，一切聖賢都住在那裡。雖然有十方佛土，但是十方佛土還是在「不來不去」之處，雖然十方佛土的相狀各個不同，但還是在我們的心性上。

禪的世界就是華嚴世界

學佛，就是從佛的覺悟中、以佛的方法獲得解脫。當獲得解脫以後，便到處都是佛了。什麼是佛世界？全宇宙都是佛世界。什麼是佛的化身？全宇宙都是佛的化身！

禪的世界就是平等世界。種子是覺性的顯現，而覺性則是智慧所顯現，然而，因為我們不認識自己的覺性，不反省、不覺醒、不了知，所以就成為了眾生。可是在佛的眼中，我們這些眾生依然還是佛。禪的世界就是華嚴世界，每一個人都是華嚴世界的呈現，大家只要能夠了悟到自性慈悲、自性智慧、自性般若法身，就能進入禪的世界。

華嚴聖山的精神——悲心周遍、緣起成佛

為了利益一切有情，使一切眾生成佛，我們推動了「華

嚴聖山」計畫。華嚴聖山的精神，就是「悲心周遍、緣起成佛」。從過去到現在，我們推動這項計畫的一切緣起——一切善心、一切動機，都是以「希望一切眾生成佛」的願力來做的。

佛法就是「緣起性空、性空緣起」，法界的實相就是如此。緣起性空，是我們自利的心法，透過「一切緣起，其性本空」的修心法要，能夠使我們的心歸零，由此安住於涅槃。

性空緣起，就是利他的心法，就是為了利益一切有情，使一切有情都能成佛，也就是用周遍的慈悲心，以無量無盡的生命，來圓滿眾生成佛的種子。性空緣起又稱為「華嚴之行」，「華嚴之行」就是用無盡的生命，種下無盡的成佛種子，也就是透過廣大的願力以及無盡的生命力，來成就華嚴世界。

所謂慈悲心，就是當別人痛苦時，自己感同身受；當別人快樂時，也隨著他人感受快樂。當眾生痛苦的時候，設法接引眾生成佛，使眾生得到快樂，這就是大慈心；當眾生因為想不通、想不開或思想不正確而遭致很多痛苦時，幫助眾生遠離痛苦，這就是大悲心。

「緣起成佛」，就是從當下開始行利他事業，「悲心周遍」則是要讓愛心遍滿我們的生活圈、遍滿我們的空間。一旦能夠悲心周遍，每一個人當下就是成佛的種子。

我們的心量涵容宇宙、涵容整個華嚴世界。華嚴世界不是指特定哪一個地方，而是一個無量廣大的智慧網路，是由每一個靈性眾生的生命所組成的。在這個智慧網路之中，只要開機隨處都可以上網，每一個眾生都具有能夠登入宇宙網路的生命電腦。

當我們以「緣起成佛，悲心周遍」的心願登入了華嚴世界的智慧網路，我們的生命就已經與法界智慧網相連，就已經具足整體法界的緣。一切華嚴法要的根本，就在於「心」，「心就是華嚴、華嚴就是心」，從心開始緣起成佛，從心開始大悲周遍，佛事業就是從心開始的。

佛的體性是空性的，佛的智慧是光明的，佛的事業是慈悲的。在眾生還沒有證悟「法身空性」及「報身智慧光明」之前，就必須從「大悲心」開始做起，進而證悟「光明」、證悟「空性」，終將會成佛。

放下，如倦鳥歸巢

只有安住在自己的心性上，
才能獲得真正的休息與安全感，
唯有自性才是回歸的地方。

人們一天到晚忙碌不停，有的人可能是為了生活，有的人可能是為了滿足各種需求以及願望，可是人們內心是那麼的疲勞、疲累，因此希望安靜下來，能夠像倦鳥一般歸回巢穴。但究竟要回到哪一個巢呢？就是回「自心之家」。

人在身心疲憊的時候，都會想要安靜、安定下來，都會想要找到一個休歇的地方。至於什麼地方才是真正能夠休歇的地方呢？就是「放下」的地方，一旦能夠放下，自心就休歇了；如果不能夠放下，那心便永遠沒有辦法休歇。

為什麼心性能夠休息呢？這是因為透過觀察佛陀所覺悟的「一切是苦、空、無常、無我」的道理，使我們的心能夠安住「放下」，所以心便能夠安定。

一切皆苦

一切處都是苦的，當四大不調時，身體生病了會苦、感情失敗了會苦、孩子不聽話會苦、父母生病了會苦、自己事業不順會苦、跟別人交談不如意會苦，生命都是苦的。

然而，苦中還有苦，就好比當我們在生氣的時候，心情還沒有辦法調適，卻又跟家人或朋友吵架了，然後又把氣出在別人身上，不僅自己處在苦痛之中，身旁無辜的人也跟著受苦，既傷害別人又傷害自己，卻又找不到煩惱的根源，這就是苦中之苦。俗話說「屋漏偏逢連夜雨」，指的就是苦中之苦，這都是人生中常常會遭遇的狀況。

至於如何才能破除存有之苦呢?就是要息滅苦因。人之所以會苦，是因為有了想法，這些想法產生了某些行為；而更因為這些行為而產生了痛苦。這就是行蘊及想蘊。

我們的感受，也就是受蘊，可以分成兩種：其一是，當心情好的時候，不論是遭遇了好的或不好的境況，心裡仍然樂觀以待；其次是，當心情不好的時候，不論遇上好事或壞事，一律將它看成是不好的。這都是因為感受產生知覺，而知覺產生了愛惡取捨所導致。但是在佛法上來說，一切感受都是空的，所以受蘊是空的。既然受蘊是空的，還有何好壞之分呢？

諸行無常

宇宙中的一切萬法都是屬於空性——空的性質。這個世間所有的現象都是因緣和合而產生，都是由某些條件所組成的。一旦失去這些條件，萬法就會幻滅——人會死亡，屋子會毀壞，任何曾經存在的東西都會消失，這就是「成住壞空」。

世界成住壞空，人有生老病死，心念有生住異滅。每個心念的生起、停留都是瞬息變化，最後終將消失無蹤的。我們的心是無常的，是生、住、異、滅，隨時都在變化的，而學佛就是要學習覺悟這一切。學佛是為了了悟世間的「苦、空、無常、無我」，所謂的「空」，是指一切萬法**（編按：指世間的一切現象）**都在消失中、無常中、變化中，因此我們將萬法稱為「幻有」，所謂萬法幻有，幻有就是空。如果我們能夠理解萬法的「苦、空、無常、無我」，就能夠遠離貪心、執著所帶來的過失，因為所貪執之物，畢竟會流失掉啊！

諸法無我

我們的身體只是流動的靈性中的一株浮萍而已，當靈性流動到當下時，身體猶如一株暫棲的浮萍，我們不曉得這株浮萍什麼時候將會消失。換言之，身體只是一個短暫存在的泡沫，是剎那、剎那不斷變遷的。我們活在這個世間，其實是很沒有安全感的，不管你擁有多少錢，或擁有多好多溫暖的家庭，甚至有多少保全人員在保護著你，終究是沒有實質安全感的。

只有安住在自己的心性上，才能獲得真正的休息與安全感，唯有自性才是回歸的地方。人們也許會將心交給上帝、菩薩或自己所信仰的神，可是畢竟你還是你，終究得回到你自己的心性上來。唯有回到自己的心性上，才能感覺到自由、空間、獨立。每個人都不希望受到別人控制，都喜歡擁有自由，所以我們要按照佛陀的教誨，找到自己的本性。

佛陀世界，三身圓滿

要如何才能夠成就呢？
就是從大悲心開始做起，
然後才有報身佛的成果，
才會有法身佛的究竟。。

佛陀有法、報、化三身。法身就是「空性」，也就是佛的體性，而我們的生命共同體也叫作「空性」。報身則是佛的智慧，就是光明，每一個人的自心本性，都是光明透徹的，這光明的心，就是佛的報身。每一個人都能夠生起慈悲心，這就是佛的化身。我們所要做的就是讓「法報化三身同時啟用」——這就是華嚴世界。

圓滿的佛陀，具足三種身。第一個層次的佛身叫作法身，乃是不生不滅的層次，這就是法身佛。法身佛是空性之佛，是永遠不會凋亡、不會滅失的常住不死之身，也就是我們的靈性。所以法身佛就是空性的生命，也就是智慧覺察的生命。我們學佛所要追求的，就是永恆靈性的法身佛，永恆不死的靈性。

第二個層次的佛身就是報身。報身佛的生命，是無障礙的生命；報身佛的世界，是事事無礙的世界。佛世界分為兩種，其一是無形的世界，乃是無生無滅的世界；其二是有形的世界，乃是無障無礙的世界。無形的世界就是法身佛的世界，有形的世界就是無障礙的報身佛的世界。報身佛，也就是不迷惑的智慧生命。

無礙的智慧就是報身佛，就是般若波羅蜜多（編按：般若譯為智慧，波羅蜜譯為度或到彼岸。照了實相之智慧，為度生死此岸而至涅槃彼岸之船筏，故謂之波羅蜜。《大智度論》卷十八：「問曰：云何名般若波羅蜜？答曰：諸菩薩從初發心求一切種智，於其中間知諸法實相慧，是般若波羅蜜。」）。要能有無礙的智慧，由此體證報身佛，就是要從般若波羅蜜多開始做起。

佛陀的第三個層次，乃是化身佛的層次。化身佛，是大慈大悲的生命，就是佛的無量慈悲，就是周遍法界的慈悲。化身佛體現整體宇宙的變化，整體宇宙是由佛的慈悲所顯化而成。在這實在的世界中，點點滴滴都是佛所顯化的，這是為了讓每一個眾生生起大悲心所產生的世界。

每個人都是佛陀化身

每一個眾生都是佛的化身，我們大家都是啊！為什麼眾生無法理解這樣的實相呢？這是因為眾生只認識自身的想法及自身的肉體，尚未認識到自身以外的世界。修行佛陀三身的法門，就是從我們自身的肉體層次，認識到自己當下就是佛的化身、認識到自性報身、最後認識到自性法身。如此認持三身之後，就會產生與真理結合的生命。

所以我們所追求的法、報、化三身的生命，就是我們自性的佛陀生命。佛陀生命要如何才能夠成就呢？就是從大悲心開始做起，然後才有報身佛的成果，才會有法身佛的究竟。

在佛經中，有所謂的太子灌頂之喻。這個比喻是說，國王生的孩子一定會成為國王；太子是由國王所生的，因此他一生下來就註定會成為國王。從這個比喻中可以了解，眾生都是佛所顯化的，之所以還不能夠成佛，是因為還沒有發現到自性的三身；只要能夠發現到自性的三身，就可以成就圓滿的佛陀。所以我們學習佛陀的三身法門，就是學習如何認識報身佛、法身佛，然後再從法、報身中，契入大悲周遍的法界生命。

我們的世界是由佛陀的法、報、化三身所化現的，然而，因為我們沒有看到宇宙的實相，只看到物質的世界，因此只能隨著物質世界起起落落、好好壞壞，由此形成一個目前大家所認識的世界。

這個大家所認識的世界中有千差萬別之相，由這些差別相，造成我們的無明迷惑，一切的緣起法，反而成為眾生的迷惑，使眾生產生煩惱，也因為煩惱，使眾生起了無明；更因為無明而產生了業力。

業力就是導引生命好好壞壞的一股力量。當業力進到眾生的生命中，善的業力會導引眾生往好的方向走去，也因此會造就出善良的人；反之，惡的業力會將眾生導引至惡的方向，造就邪惡的人。但邪惡的人不一定會永遠邪惡，一旦惡業過去，邪惡的人也可能轉成良善的人。同樣的，善良的人也不一定永遠是善良的。

生活中的修持

如果我們可以發起全面廣大的慈悲心，當下就是佛陀的化身，這就是化身的修持之道。

由於眾生都有煩惱，因此，人跟人、人跟事、人跟一切之間，都產生了障礙。而佛的法是無礙的，我們從佛法的聞、思，就可以證悟諸法無障礙的實相，也就是證悟了無礙智。

最後，人總是怕死的。生從何來？死從何去？人們總是對死這件事情放不下心。如果我們能觀察生死，就可以進一步進入佛的般若智慧，而般若智慧正是正念的基礎。

從人、事、法之中學習慈悲，這是化身的修持之道。從智慧通達無礙的道路上學習般若，這是報身的修持之道。從無死的空性中找到安身立命之所，這是法身的修持之道。這就是三身的修持。

走入「愛心・環保・和平・地球之家」

任何一個佛國世界，都離不開華嚴淨土；
華嚴淨土就是當下播種、當下成長、當下成佛。

我們常常聽到人間淨土，卻比較少聽過華嚴淨土，所謂華嚴淨土，就是法界一切眾生的成佛道場。任何一個佛國世界，都離不開華嚴淨土；華嚴淨土就是當下播種、當下成長、當下成佛。華嚴世界就是花的世界，就是智慧的世界；所謂花的世界就是開展的世界，整個世界如花朵般自然的開展，展現生命的美，為的就是再次播下種子。

覺悟成佛的菩提種子，是在每一個人的推動下產生的，唯有每個人自身的實踐，才能長出佛果。出家人只是扮演啟發、帶領、鼓勵的角色，若要展開這個幸福、快樂、解脫的華嚴世界，還需要每個人去實踐。

世界公民，不囿於一國一族

要讓華嚴世界具體呈現，必須推動以愛與和平為訴求的「全球倫理」，目的是要維護世界人類的倫理，也就是不殺生、不偷盜、不邪淫、不妄語。推動全球倫理及愛與和平的信念，是二十一世紀的世界潮流。由於交通、資訊的發達以及科技的進步，整個世界的聯繫非常緊密，彼此無法分離，於此同時，最重要的就是要保護地球、保護人心，讓人心真正的愛護這個地球之家。如果我們不愛護這塊土地、愛護這個地球，不管是任何一個宗教、種族、家庭，包括了我們後代的子子孫孫，將無法在污染日益嚴重的地球生存下去。

我們是世界公民，而不只是一國一族的公民，所以必須培養充足的世界觀與國際觀。人類的終極關懷就是愛與和平，希望大家用心並且發願，繼續推動愛與和平的使命，繼續深耕學術、文化、宗教，創造人才、培養人才，努力推動愛與和平的理念。此外，還要落實教育與慈善的志業，也就是落實福慧雙修的心靈福祉工作。

菩提心就是成佛的心，而成佛的心就是行善、利他的心，因此，可以說自利利他的心就是菩提心。一旦我們知道因果法則，就會知道所謂的福祉與幸福，是從究竟利他中而產生的。唯有究竟利他才能快樂，而究竟利他的心，使得人與人間彼此需要。所以，各位已經掌握到幸福的樞紐，那就是發起利他的菩提心。

我們所行的利他方向是始終如一的。如今，世界宗教博物館（編按：心道師父於二〇〇一年所創辦，館中展示了包含台灣民間信仰在內的十一種宗教，以推動宗教與世界和平為志業，其成立的宗旨為「尊重、包容、博愛」，乃是全球第一座概念型的「宗教」博物館）已經成為推動愛與和平等「全球倫理」的基地，我們要善用它，以便推動更廣大的利生事業。現代的佛子，需要具有歷史感與使命感；當代的菩薩，也要具有歷史感與使命感，才能承擔起二十一世紀世界弘法的責任。

以華嚴精神建立地球之家

大家要知道，弘法不只是出家眾的事情，因為出家眾的人數遠比在家眾來得少，所以單靠出家人是沒有辦法圓滿、成就佛陀事業的，唯有在家眾、出家眾一起投入弘法事業，佛子利生的力量才能真正展現。從多年來從事國際宗教交流的經驗中，我體會到當代的佛子必須具有全面性的世界觀及更積極的入世精神，才能發揮影響力，實踐佛陀的真理。

弘法是在生活中不斷自利利他的過程。自利方面，是從身、口、意開始著手；以戒、定、慧為修行原則。其中的戒就是生活原則；定就是如何找到自己的方向與目標；慧則是覺察生活中的點點滴滴，走出自己的方向。

利他就是發菩提心，並且實踐六波羅蜜及四攝法。六波羅蜜就是布施、持戒、忍辱、精進、禪定、智慧等。四攝則是布施攝、愛語攝、利行攝及同事攝，指的是不論在任何時候，我們都能夠以種種方便法門傳播佛法給我們身邊的人，讓他們也能親近佛法。

我們要隨時隨地反省自己的修行、檢驗自己弘法利生的品質，自問到底有沒有慈悲心？有沒有實踐力？如何將慈悲心傳達給眾生？怎麼來圓滿利他的心？覺察與覺醒是每個佛子最基本的功課。

大家要做眾生的表率，推動愛與和平的世界。靈鷲山無生道場的弘法主張，就是「愛心、環保、和平、地球之家」，這就是華嚴精神！

國家圖書館出版品預行編目資料

養禪三昧／釋心道總監修．——初版．

——臺北縣永和市：靈鷲山般若出版，2007.08

面；　公分．——（靈鷲山禪法系列；3）

ISBN 978-986-83018-7-0（平裝）

1.禪宗 2.佛教修持 3.佛教說法

225.791　　　　　　96014815

養禪三味

總監修／釋心道

策劃／釋了意

企劃編輯／靈鷲山出版中心

責任編輯／陳俊宏

封面設計／王鳳梅

美術設計／王鳳梅

法律顧問／永然聯合法律事務所

發行人／歐陽慕親

出版者／財團法人靈鷲山般若文教基金會附設出版社

地址／ 23444台北縣永和市保生路2號17樓

電話／（02）2232-1008

傳真／（02）2232-1010

E-mail／books@ljm.org.tw

總經銷／成信文化事業股份有限公司

地址／23148台北縣新店市中正路四維巷二弄2號4樓

電話／（02）2219-2080

傳真／（02）2219-2180

郵政劃撥帳戶／財團法人靈鷲山般若文教基金會附設出版社

郵政劃撥帳號／18887793

初版一刷／2007年8月

定價／250元

I SBN／ 978-986-83018-7-0　（平裝）

郵票黏貼處

靈鷲山文教出版社　收

23444 台北縣永和市保生路2號17樓　出版中心
電話：（02）2232-1008
傳真：（02）2232-1010

謝謝您購買這本書！

請您詳細填寫各欄，傳真或寄回本出版社，即可不定期收到最新出版資訊及優惠專案。

此次購買的書名是：

姓名：__________ 身分證字號：__________________ 性別：□男 □女

生日：_________年_____月_____日 聯絡電話：________________

住址：____

E-mall：____

學歷：1.□高中及高中以下 2.□專科與大學 3.□研究所以上

職業：1.□學生 2.□資訊業 3.□工 4.□商 5.□服務業

6.□軍警公教 7.□自由業及專業 8.□其他

您以何種方式購書：1.逛書店購書 □連鎖書店 □一般書店

2.□網路購書 3.□郵局劃撥 4.□其他

您購買過我們哪些書：

1. □ 地球書房：______________________________________

2. □ 靈鷲山文教出版社：_______________________________

3. □ 宗教博物館出版社：_______________________________

您對本書的評價：

（請填代號 A.非常滿意 B.滿意 C.普通 D.不滿意 E.非常不滿意）

書名__________ 內容__________ 封面設計__________

版面編排_______ 紙張質感_______ 整體_____________

此書閱讀感想與建議：_____________________________________

____

____

____

讀者服務信箱：books@ljm.org.tw